Y0-BDX-459

Financement des équipements éducatifs et décentralisation

Decentralisation and the Financing of Educational Facilities

WITHDRAWN
WRIGHT STATE UNIVERSITY LIBRARIES

OECD OCDE

ORGANISATION DE COOPÉRATION ET DE DÉVELOPPEMENT ÉCONOMIQUES
ORGANISATION FOR ECONOMIC CO-OPERATION AND DEVELOPMENT

DUNBAR
LB
2825
.F49
2002

ORGANISATION DE COOPÉRATION ET DE DÉVELOPPEMENT ÉCONOMIQUES

En vertu de l'article 1er de la Convention signée le 14 décembre 1960, à Paris, et entrée en vigueur le 30 septembre 1961, l'Organisation de Coopération et de Développement Économiques (OCDE) a pour objectif de promouvoir des politiques visant :

- à réaliser la plus forte expansion de l'économie et de l'emploi et une progression du niveau de vie dans les pays Membres, tout en maintenant la stabilité financière, et à contribuer ainsi au développement de l'économie mondiale ;

- à contribuer à une saine expansion économique dans les pays Membres, ainsi que les pays non membres, en voie de développement économique ;

- à contribuer à l'expansion du commerce mondial sur une base multilatérale et non discriminatoire conformément aux obligations internationales.

Les pays Membres originaires de l'OCDE sont : l'Allemagne, l'Autriche, la Belgique, le Canada, le Danemark, l'Espagne, les États-Unis, la France, la Grèce, l'Irlande, l'Islande, l'Italie, le Luxembourg, la Norvège, les Pays-Bas, le Portugal, le Royaume-Uni, la Suède, la Suisse et la Turquie. Les pays suivants sont ultérieurement devenus Membres par adhésion aux dates indiquées ci-après : le Japon (28 avril 1964), la Finlande (28 janvier 1969), l'Australie (7 juin 1971), la Nouvelle-Zélande (29 mai 1973), le Mexique (18 mai 1994), la République tchèque (21 décembre 1995), la Hongrie (7 mai 1996), la Pologne (22 novembre 1996), la Corée (12 décembre 1996) et la République slovaque (14 décembre 2000). La Commission des Communautés européennes participe aux travaux de l'OCDE (article 13 de la Convention de l'OCDE).

© OCDE 2002

Les permissions de reproduction partielle à usage non commercial ou destinée à une formation doivent être adressées au Centre français d'exploitation du droit de copie (CFC), 20, rue des Grands-Augustins, 75006 Paris, France, tél. (33-1) 44 07 47 70, fax (33-1) 46 34 67 19, pour tous les pays à l'exception des États-Unis. Aux États-Unis, l'autorisation doit être obtenue du Copyright Clearance Center, Service Client, (508)750-8400, 222 Rosewood Drive, Danvers, MA 01923 USA, ou CCC Online : *www.copyright.com*. Toute autre demande d'autorisation de reproduction ou de traduction totale ou partielle de cette publication doit être adressée aux Éditions de l'OCDE, 2, rue André-Pascal, 75775 Paris Cedex 16, France.

ORGANISATION FOR ECONOMIC CO-OPERATION AND DEVELOPMENT

Pursuant to Article 1 of the Convention signed in Paris on 14th December 1960, and which came into force on 30th September 1961, the Organisation for Economic Co-operation and Development (OECD) shall promote policies designed:

– to achieve the highest sustainable economic growth and employment and a rising standard of living in Member countries, while maintaining financial stability, and thus to contribute to the development of the world economy;

– to contribute to sound economic expansion in Member as well as non-member countries in the process of economic development; and

– to contribute to the expansion of world trade on a multilateral, non-discriminatory basis in accordance with international obligations.

The original Member countries of the OECD are Austria, Belgium, Canada, Denmark, France, Germany, Greece, Iceland, Ireland, Italy, Luxembourg, the Netherlands, Norway, Portugal, Spain, Sweden, Switzerland, Turkey, the United Kingdom and the United States. The following countries became Members subsequently through accession at the dates indicated hereafter: Japan (28th April 1964), Finland (28th January 1969), Australia (7th June 1971), New Zealand (29th May 1973), Mexico (18th May 1994), the Czech Republic (21st December 1995), Hungary (7th May 1996), Poland (22nd November 1996), Korea (12th December 1996) and the Slovak Republic (14th December 2000). The Commission of the European Communities takes part in the work of the OECD (Article 13 of the OECD Convention).

© OECD 2002
Permission to reproduce a portion of this work for non-commercial purposes or classroom use should be obtained through the Centre français d'exploitation du droit de copie (CFC), 20, rue des Grands-Augustins, 75006 Paris, France, tel. (33-1) 44 07 47 70, fax (33-1) 46 34 67 19, for every country except the United States. In the United States permission should be obtained through the Copyright Clearance Center, Customer Service, (508)750-8400, 222 Rosewood Drive, Danvers, MA 01923 USA, or CCC Online: *www.copyright.com*. All other applications for permission to reproduce or translate all or part of this book should be made to OECD Publications, 2, rue André-Pascal, 75775 Paris Cedex 16, France.

PROGRAMME POUR LA CONSTRUCTION
ET L'ÉQUIPEMENT DE L'ÉDUCATION

Le Programme pour la construction et l'équipement de l'éducation (PEB : *Programme on Educational Building*) opère dans le cadre de l'Organisation de Coopération et de Développement Économiques (OCDE). Il promeut les échanges internationaux au niveau des idées, de l'information, de la recherche et de l'expérience dans tous les domaines de la construction et de l'équipement de l'éducation.

Les préoccupations essentielles du Programme sont d'assurer que l'enseignement retire le maximum d'avantages des investissements dans les bâtiments et les équipements, et que le parc de bâtiments existants soit planifié et géré de manière efficace.

Les trois thèmes principaux du Programme sont :

- améliorer la qualité des bâtiments scolaires et mieux les adapter aux besoins, et contribuer ainsi à accroître la qualité de l'enseignement ;
- veiller à ce que la meilleure utilisation possible soit faite des sommes considérables que l'on consacre à la construction, au fonctionnement et à l'entretien des bâtiments scolaires ;
- signaler rapidement l'incidence qu'ont sur les équipements éducatifs les tendances qui se dessinent dans l'enseignement et dans la société en général.

© OCDE 2002

PROGRAMME ON EDUCATIONAL BUILDING

The Programme on Educational Building (PEB: *Programme pour la construction et l'équipement de l'éducation*) operates within the Organisation for Economic Co-operation and Development (OECD). PEB promotes the international exchange of ideas, information, research and experience in all aspects of educational building.

The overriding concerns of the Programme are to ensure that the maximum educational benefit is obtained from past and future investment in educational buildings and equipment, and that the building stock is planned and managed in the most efficient way.

The three main themes of the Programme's work are:

- improving the quality and suitability of educational facilities and thus contributing to the quality of education;
- ensuring that the best possible use is made of the very substantial sums of money which are spent on constructing, running and maintaining educational facilities;
- giving early warning of the impact on educational facilities of trends in education and in society as a whole.

© OCDE 2002

Avant-propos

FINANCEMENT DES ÉQUIPEMENTS ÉDUCATIFS ET DÉCENTRALISATION

Le Programme de l'OCDE pour la construction et l'équipement de l'éducation (PEB) et le ministère espagnol de l'Éducation ont organisé un séminaire international qui s'est tenu à Tolède, en Espagne, du 22 au 25 février 2000, consacré aux modalités du financement des équipements éducatifs. Les intervenants originaires de divers pays de l'OCDE jouaient dans leur majorité un rôle actif dans la fourniture et la gestion des équipements éducatifs.

Ce rapport examine comment les investissements dans les équipements éducatifs soulèvent des questions d'ordre financier pouvant conduire à la privatisation et à une décentralisation accrue au niveau de la gestion et de la planification. Les pays concernés ont exprimé la nécessité d'élaborer des stratégies de recherche et d'évaluation afin de définir les nouvelles orientations du financement des équipements éducatifs.

L'ouvrage s'articule autour de diverses études de cas et de l'intervention d'un expert de la Banque européenne d'investissement. Au Mexique, le financement des infrastructures scolaires se définit dans le cadre du fédéralisme. Au Québec, l'éducation préscolaire ainsi que l'enseignement primaire et secondaire regroupent secteurs public et privé. En France, les responsabilités des collectivités territoriales, dans le domaine du financement des constructions scolaires, se trouvent augmentées à la suite d'un transfert de compétences en leur faveur. La Banque européenne d'investissement expose enfin son expérience en matière de financement et d'évaluation des équipements éducatifs.

© OCDE 2002

Foreword

DECENTRALISATION AND THE FINANCING OF EDUCATIONAL FACILITIES

The OECD Programme on Educational Building (PEB) and the Spanish Ministry of Education organised an international seminar in Toledo, Spain, from 22 to 25 February 2000, devoted to the procedures for financing educational facilities. The participants came from a number of OECD countries and for the most part play an active role in the provision and management of educational facilities.

This report examines how investment in educational facilities raises questions of financing which can lead to privatisation and to increased decentralisation in management and planning. The participating countries expressed the need to develop strategies for research and evaluation in order to determine new ways of financing educational equipment.

This publication is based on various case studies and a presentation by an expert from the European Investment Bank. In Mexico, financing school infrastructure is defined in an environment of federalism. In Quebec, pre-school as well as primary and secondary education regroup the public and private sectors. In France, financing educational building was transferred to the regional and local authorities giving them increased responsibility. Finally, the European Investment Bank presents its experience in the areas of financing and evaluation of educational infrastructure.

© OECD 2002

Table des matières

© OCDE 2002

Table of contents

© OECD 2002

Questions à débattre

Les systèmes de financement des dépenses en équipements éducatifs varient selon les situations mais les points essentiels sont communs à tous les pays. Les décideurs doivent à la fois être en mesure d'identifier les besoins en investissements, de mettre en place des systèmes de répartition des ressources efficaces, et enfin d'évaluer les investissements.

Bien que la plupart des systèmes établissent une claire distinction, coût initial des bâtiments et coûts d'entretien ne sauraient être pris en considération séparément. Il existe de fortes relations entre les décisions concernant les dépenses initiales et les coûts ultérieurs de maintenance.

Si jusqu'à présent la provision des équipements éducatifs a, en particulier en ce qui concerne l'enseignement obligatoire, presque exclusivement relevé de la responsabilité du secteur public, les sources de financement privées font de plus en plus l'objet d'investigations. Des progrès ont été réalisés sur la voie de la combinaison de sources de financement publiques et privées. On constate également un intérêt de plus en plus marqué pour l'évaluation des investissements, où s'exprime la necessité de trouver des outils d'évaluation tels que les indicateurs.

Les modalités d'allocation des ressources sont intimement liées aux structures gouvernementales, du plan national au niveau institutionnel. De même que dans d'autres pays, le pays hôte, l'Espagne, a récemment délégué de bien plus grandes responsabilités en termes d'aménagements éducatifs à ses régions.

Le séminaire a donné l'occasion d'examiner divers systèmes de financement dans le champ éducatif et a permis aux participants de cerner les évolutions récentes et à venir au plan international, de partager leurs expériences et d'élaborer des conclusions utiles à leurs propres travaux. Ils ont pu rencontrer leurs pairs d'autres pays de l'OCDE et découvrir différentes approches relatives à la provision des équipements éducatifs et sociaux. Les intervenants principaux ont analysé les tendances actuelles afin d'identifier les problèmes qui se posent aujourd'hui, et des études de cas relatives à divers pays de l'OCDE ont également fait l'objet de présentations.

Les participants ont admis que chaque pays aborde les situations différemment. Ils se sont montrés respectueux des différences dues à des traditions et à

© OCDE 2002

des circonstances spécifiques et ont cherché à définir un ensemble de considérations pouvant utilement servir de cadre de référence aussi bien à l'échelon local, régional et national que pour des administrateurs travaillant dans plusieurs pays.

Les débats ont pour l'essentiel porté sur les questions suivantes :

- Comment les fonds dans le champ des équipements éducatifs sont-ils fournis ? Quelles sont les institutions, organisations, etc., publiques ou privées, responsables de la provision des fonds nécessaires à la construction, à la rénovation et à la maintenance des bâtiments éducatifs ? Quelles implications cela a-t-il au niveau de la planification et de la conception des bâtiments ?

- Comment les fonds sont-ils alloués ? Quels sont les divers critères utilisés dans les différents pays de l'OCDE ?

- A quels niveaux – local, régional, national – les diverses étapes du processus d'allocation se situent-elles ?

- Comment les investissements en bâtiments éducatifs peuvent-ils être évalués ? Comment identifier les indicateurs nécessaires à une évaluation efficace ?

- Quelles sont les implications pratiques du système de financement aux niveaux de la planification et de la gestion des équipements éducatifs ?

© OCDE 2002

Le financement de l'éducation : tendances et problèmes latents

par

Ferrán FERRER

Professeur d'éducation comparée à l'université autonome de Barcelone

Considérations préalables

L'étude du financement de l'éducation est toujours conditionnée, dans les différents pays, par deux types de facteurs qui déterminent leur situation de manière très significative. D'abord, des facteurs extrinsèques replacés dans le contexte du système éducatif, parmi lesquels il convient de souligner les suivants : l'évolution économique (crise ou prospérité économique), le degré d'inégalité sociale, le poids de la dette extérieure, l'idéologie politique du gouvernement, la manière dont chaque pays est concerné par la mondialisation économique, ainsi que les processus de délocalisation des entreprises.

Par ailleurs, il existe d'autres types de facteurs intrinsèques au système éducatif et qui exercent une grande influence sur les analyses réalisées sur le financement de l'éducation. Ces facteurs seront traités au chapitre suivant.

Une seconde observation importante à prendre en considération est que le financement peut être traité différemment en fonction du niveau éducatif auquel on se réfère. Par exemple, il existe habituellement, à ce sujet, des différences significatives entre les étapes obligatoires et non obligatoires du système éducatif. De même, au fur et à mesure qu'on s'élève dans le niveau éducatif, le coût économique pour l'élève devient en général plus élevé et c'est pourquoi toute analyse générique sur l'investissement en matière d'éducation doit s'accompagner d'une distinction en fonction des différentes étapes du système.

Une troisième observation consiste à préciser que le financement n'est pas uniquement une question technique mais également idéologique, sur laquelle les partis politiques des différents pays se prononcent de manière distincte. A travers chacune de leurs options, c'est une façon différente de comprendre le système éducatif qui est mise en avant.

© OCDE 2002

Il convient également de souligner que, bien que la question du financement ait été abordée en profondeur ces derniers temps, ce sujet n'a été traditionnellement traité que par un petit nombre d'organismes internationaux. A cet effet, il y a lieu de souligner le rôle de l'OCDE au cours des dernières décennies – notamment en ce qui concerne l'élaboration d'indicateurs sur le financement du système éducatif – qui place cet organisme en position de leader dans ce domaine. Il convient en outre de mettre en évidence les contributions importantes de l'UNESCO – par l'intermédiaire de l'Institut international de planification éducative (IIPE) –, de la Banque mondiale, ainsi que, dernièrement, du réseau européen Eurydice qui a réalisé des études intéressantes sur le financement de l'enseignement supérieur[1]. Ce qui vient d'être précisé nous conduit à déduire que nous nous trouvons en présence d'un sujet complexe, et en même temps très actuel, qui remet constamment en question les bases des systèmes éducatifs. Nous pouvons affirmer que le mode selon lequel les pays et les gouvernements financent l'éducation met clairement en évidence le modèle de système éducatif qu'ils souhaitent ou peuvent développer.

Il reste à préciser que ce sont les pays appartenant à l'OCDE qui sont pris comme référence dans les pages qui suivent, et particulièrement les pays européens. Il est également important de souligner que les descriptions figurant ci-après n'ont pas réellement pour but de présenter les politiques de certains pays donnés, mais plutôt d'essayer de présenter les éléments les plus communs à tous, que nous appellerons à partir de maintenant les « tendances ». Dans ce sens, on peut affirmer que l'objectif final de mon exposé est d'apporter de nouveaux éléments pour l'analyse des différents systèmes de financement, permettant d'élaborer de nouvelles propositions pour le futur.

Aspects généraux du système éducatif se rapportant au financement de l'éducation

Le modèle de financement de l'éducation dépend dans une grande mesure d'un ensemble de facteurs propres au système éducatif, actuellement présents dans bon nombre de nos pays, bien qu'ils se concrétisent de manière différente dans chacun d'eux. Afin de bien comprendre les tendances actuelles du financement de l'éducation, il est nécessaire de mentionner et d'analyser certains aspects que nous pouvons considérer comme étant les plus marquants.

1. *Le modèle d'administration éducative et le rôle de l'État dans l'éducation*

A l'heure actuelle, personne ne met en doute que les modèles d'administration sont en train de changer de manière notable dans nos systèmes éducatifs. Le transfert politique des pouvoirs des administrations centrales vers des collectivités territoriales régionales ou municipales est un fait avéré dans les pays de notre

14

environnement, même si certains pays résistent à cette tendance. Cette tendance à la décentralisation – non exempte de contradictions et de mouvements centripètes – a son origine dans différents facteurs parmi lesquels figure surtout le recul croissant de l'État central dans des domaines, comme celui de l'éducation, dans lesquels il assumait jusqu'à présent une importante responsabilité. Le financement a été nettement influencé par ce phénomène car l'État, tout en assumant traditionnellement une fonction législative sur l'éducation, assumait également la fonction financière et la fonction de gestion du système éducatif (F. Delpérée, 1993). En perdant des responsabilités dans ce premier domaine législatif, les deux autres fonctions (financière et de gestion) sont entrées en crise puisqu'elles n'avaient de sens que dans la mesure où l'État était le principal responsable de la réglementation éducative à travers la législation. En conséquence, nous nous trouvons au seuil d'un changement important dans ce domaine, déclenché notamment par ce processus généralisé de décentralisation de l'administration de l'éducation.

2. Le système éducatif : modèle de marché ou modèle de service public

Financer les systèmes éducatifs en fonction des critères du marché ou en fonction des critères d'une politique éducative nationale concernant les systèmes éducatifs est une question qui est notamment subordonnée au degré de mise en œuvre de l'idéologie de marché existant dans un pays. Ce degré de mise en œuvre est mis en relief par différents indicateurs qui peuvent être les suivants : le degré de diversité des établissements et la possibilité de concurrence entre eux, le degré d'autonomie de ces établissements, le degré de transparence des résultats scolaires et l'action gouvernementale face aux établissements de faible qualité.

3. Situation et traitement du réseau scolaire privé[2]

Sur cette question, l'histoire des systèmes éducatifs des pays européens est très différente d'un pays à l'autre. Le poids spécifique exercé par le secteur public sur le système éducatif est différent dans chacun de ces pays. C'est ainsi que nous pouvons observer des pays où les établissements publics n'accueillent, dans l'enseignement primaire, que 30 % des élèves, tandis que dans d'autres pays ce pourcentage représente plus de 90 %. Il ne fait aucun doute que cette situation oblige à établir des mécanismes différents au moment de financer l'éducation. Ainsi, dans le premier cas, où le poids de l'enseignement privé est très élevé, financer ce type d'enseignement devient une obligation pour couvrir l'ensemble de la demande éducative. Dans le second cas, où l'enseignement privé n'a qu'un rôle complémentaire dans l'ensemble de l'offre éducative, il s'agirait plutôt d'un choix de la part du gouvernement. C'est ainsi que l'idéologie promue par ce gouvernement et l'évaluation de la fonction sociale assumée par les établissements privés détermineront dans une grande mesure le traitement financier de l'éducation.

© OCDE 2002

4. Le modèle du programme d'études de l'enseignement

Le modèle du programme d'études est en étroite relation avec le coût de l'enseignement et, par voie de conséquence, avec le modèle de financement. C'est ainsi que nous pouvons considérer qu'il existe des modèles de programmes d'études moins chers et d'autres plus chers. Par exemple, le tronc commun est en principe moins cher que le modèle polyvalent. En général, les modèles unifiés sont moins chers que les modèles diversifiés. Les pays qui pratiquent une politique généreuse envers l'intégration des enfants en difficulté dans les établissements destinés à l'ensemble de la population scolaire doivent faire face à des coûts plus élevés que les autres pays. Une formation plus humaniste est moins coûteuse que la formation technique. L'éducation interculturelle est plus chère que l'éducation multiculturelle : l'**intégration** est plus coûteuse que l'**assimilation**.

5. Modèles d'évaluation du système éducatif

Approximativement, on peut distinguer deux types d'évaluation du système éducatif : le premier focalisé sur les résultats, et le second centré sur le processus. Si dans un pays donné on tend à promouvoir une évaluation par les résultats, le financement de l'éducation sera basé plus facilement – au moins en partie – sur ce type de critère. Si l'accent est mis sur l'évaluation des **processus**, alors le financement s'écartera plus facilement de ce qui est l'évaluation proprement dite du système éducatif et s'orientera sur la base d'un autre type de critères.

De même, nous connaissons des pays où la culture d'évaluation du système éducatif est très présente et d'autres, au contraire, où elle est intégrée depuis peu de temps[3]. En conséquence, le modèle de financement – que ces derniers temps on souhaite relier à l'évaluation du système éducatif – sera aussi nettement subordonné à ce fait.

6. Conception de l'éducation comme bien public ou comme bien privé

Ainsi que le signale S. Péano (1998, p. 92), le financement de l'éducation dépend dans une large mesure de la façon dont elle est considérée : comme **bien public** ou comme **bien privé**. Il est important de reconnaître que la frontière entre ces deux conceptions, de toute façon très imprégnées d'idéologie, n'est pas facile à délimiter. C'est ainsi que ce même auteur présente clairement la discussion à ce sujet :

« Les débats sur cette question en arrivent en général à la conclusion que l'éducation est un bien public, dans la mesure où les résultats profitent collectivement à la société et, en même temps, c'est un bien privé, dans la mesure où ce sont les individus qui en bénéficient. »

© OCDE 2002

On déduit donc de ce qui précède que les différentes idéologies politiques mettront plus ou moins l'accent sur l'un ou l'autre aspect. En conséquence, soit elles donneront plus d'importance au fait de laisser dans les mains de l'État (en tant que gestionnaire public) les questions éducatives, parmi lesquelles la question du financement, soit elles opteront pour l'initiative individuelle.

Tendances générales du financement de l'éducation

Compte tenu des facteurs du système déterminant le modèle de financement de l'éducation, nous pouvons affirmer que ce dernier est en grande partie déterminé par le rôle que lui accordent les catégories suivantes :

- Les pouvoirs publics et leurs électeurs.
- Les étudiants et leurs familles.
- Les entreprises et autres initiatives privées.

Cependant, financer l'éducation suppose également de répondre à d'autres questions nettement liées à celle-ci. Selon l'OCDE (1998, pp. 67-68), il existe trois questions clés pour analyser le système de financement de l'éducation :

- Combien doit-on dépenser pour l'éducation ?
- Qui doit payer pour l'éducation ?
- Comment sont distribuées les ressources économiques ?

Dans ce chapitre il sera répondu à ces questions en décrivant et en analysant la situation internationale à ce sujet.

La question : Combien doit-on dépenser pour l'éducation ? est, sans aucun doute, celle qui permet la plus grande dose de démagogie dans les débats sur la politique éducative, car il n'existe pas de norme établie à cet effet, du moment que nous partons des budgets minimum propres aux divers pays. Dans tous les cas, on prend en général comme critère de référence la moyenne des pays de l'Union européenne ou celle des pays de l'OCDE, pour un des indicateurs économiques classiques : le pourcentage du PIB consacré à l'éducation, la dépense par étudiant (en dollars), etc.

Le tableau suivant illustre parfaitement la situation.

Il permet de déduire clairement que certains pays sont encore loin d'investir de manière raisonnable dans l'éducation. Il est également très significatif d'observer comment les pays investissent de manière différente dans l'enseignement primaire et secondaire par rapport à l'enseignement supérieur. Ces différences montrent les priorités que les gouvernements de ces pays accordent aux différentes étapes du système éducatif.

Après avoir vu ce que les pays dépensent pour l'éducation, je vais centrer mon attention sur les réponses aux deux autres questions : Qui doit payer

© OCDE 2002

Investissement dans l'éducation en pourcentage du PIB (1995)

Investissement dans l'enseignement primaire et secondaire Position par rapport à l'indicateur de l'OCDE (3.7)		Investissement dans l'enseignement supérieur Position par rapport à l'indicateur de l'OCDE (1.6)		Investissement dans l'éducation Position par rapport à l'indicateur de l'OCDE (5.9)	
Inférieure	Supérieure	Inférieure	Supérieure	Inférieure	Supérieure
GRC (2.8)	AUS (3.7)	GRC (0.8)	FIN (1.7)	GRC (3.7)	FRA (6.3)
JPN (3.1)	DEU (3.8)	ITA (0.8)	SWE (1.7)	ITA (4.7)	FIN (6.6)
NLD (3.2)	USA (3.9)	AUT (1.0)	AUS (1.8)	JPN (4.7)	SWE (6.7)
ITA (3.2)	ESP (4.0)	JPN (1.0)	USA (2.4)	NLD (4.9)	USA (6.7)
IRL (3.4)	PRT (4.1)	PRT (1.0)	CAN (2.5)	IRL (5.3)	CAN (7.0)
AUT (3.7)	FIN (4.2)	GBR (1.0)		PRT (5.4)	DNK (7.1)
	DNK (4.3)	DEU (1.1)		AUT (5.5)	
	CAN (4.3)	ESP (1.1)		AUS (5.6)	
	FRA (4.4)	FRA (1.1)		ESP (5.7)	
	SWE (4.5)	DNK (1.3)		DEU (5.8)	
		IRL (1.3)			
		NLD (1.3)			

Source : OCDE. Base de données de l'éducation en ligne.

l'éducation ? et : Comment sont distribuées les ressources ? Pour ce faire, je souhaite délimiter les dix tendances qui, à mon avis, prennent nettement forme dans les pays considérés, à savoir : le financement majoritaire de l'éducation par les pouvoirs publics ; l'augmentation du coût de l'enseignement ; la diversification des fonds de financement ; les changements intervenus dans les critères appliqués pour financer les établissements éducatifs ; le financement croissant de l'éducation préscolaire ; l'importance croissante des prêts aux étudiants de l'enseignement supérieur comme système de financement ; l'application de stratégies destinées à pallier les restrictions économiques dans le secteur éducatif ; le fait de relier le financement à l'efficacité des systèmes éducatifs ; le fait de relier le financement à la présentation des comptes du système éducatif et des établissements ; le changement de conception dans le financement de l'éducation.

1. *Financement majoritaire de l'éducation par les pouvoirs publics*

Dans tous les pays, indépendamment de leur degré de décentralisation et de l'idéologie du gouvernement en place, la tendance se maintient, selon laquelle les pouvoirs publics financent la plus grande part du secteur éducatif[4]. Ces fonds,

© OCDE 2002

qui sont indispensables à tous les niveaux du système, peuvent être alloués de manière différente :

- Directement et uniquement à des établissements publics.

- Directement à des établissements publics et à des établissements privés (par des subventions dans le cas des derniers).

- Directement aux familles (selon des formules telles que le chèque scolaire ou la réduction des impôts en compensation des dépenses éducatives des familles).

- Par d'autres formules combinées : par exemple, par un chèque scolaire destiné à chaque établissement, d'un montant différent en fonction de critères déterminés (statut socio-économique des familles, projets d'innovation et d'amélioration de la qualité, situation de l'établissement dans une zone défavorisée[5]).

2. Augmentation du coût de l'enseignement

Cette situation est due essentiellement à l'augmentation du nombre d'étudiants dans l'enseignement secondaire et supérieur[6]. Les données relatives à l'évolution des taux de scolarisation des jeunes entre 14 et 17 ans, entre 1985 et 1995, sont éloquentes et nous donnent une image claire de l'ampleur du phénomène au cours de la dernière décennie :

**Taux de scolarisation des jeunes entre 14 et 17 ans,
dans les pays de l'OCDE (1985, 1995)**

	Année 1985	Année 1995
Autriche	86.6	94.5
Belgique	91.8	100.0
Canada	92.5	92.5
Danemark	90.4	92.9
Espagne	67.3	88.1
États-Unis	92.0	93.0
Finlande	90.1	95.4
Norvège	90.0	96.1
Nouvelle-Zélande	74.1	93.7
Pays-Bas	93.0	97.4
Portugal	46.2	80.6
Royaume-Uni	77.8	89.6
Suède	91.5	97.1
Suisse	88.5	91.8

Source : *Analyse des politiques d'éducation*. OCDE/CERI Paris 1998, p. 75.

19

© OCDE 2002

3. Diversification des fonds de financement

Il existe une certaine tendance à la diversification des fonds de financement de l'éducation. Cette tendance concerne tous les niveaux éducatifs, même si elle est mise en évidence de manière différente selon le niveau dont il s'agit. C'est ainsi que dans l'enseignement supérieur la diversification suppose que les entreprises contribuent aux ressources des établissements pour leur permettre de développer la recherche appliquée, qui se traduira en avantages technologiques pour lesdites entreprises. La contribution économique directe des étudiants aux dépenses de l'enseignement universitaire est également une autre forme de diversification des ressources de l'éducation.

Une autre modalité qu'il convient de souligner concerne les expériences de décentralisation éducative appliquées dans certains pays, ce qui a entraîné le transfert de la gestion des fonds éducatifs à des collectivités administratives régionales ou locales. Il est également intéressant de mentionner le cas d'autres pays où ces collectivités territoriales (région ou municipalité) ont assumé en outre la responsabilité du recouvrement des impôts liés à l'éducation (Péano, 1998, p. 94).

4. Changements intervenus dans les critères appliqués pour financer les établissements éducatifs

Une autre question intéressante se rapporte au critère selon lequel les établissements éducatifs sont financés. La formule appliquée traditionnellement a été celle retenant comme seul critère celui du « nombre d'étudiants ». Dans tous les cas, les différences existaient surtout en fonction du niveau éducatif de référence (coût par étudiant plus élevé dans les étapes supérieures du système éducatif). Dans de nombreuses occasions, un traitement financier inégal était réservé aux établissements publics et aux établissements privés en privilégiant les premiers[7]. Cette situation est en pleine évolution.

D'un côté, nous observons que dans l'enseignement supérieur les formules appliquées pour subventionner les établissements sont en train de changer. Ainsi, la tendance est à accorder le financement des établissements non seulement en fonction du nombre d'étudiants inscrits mais aussi en fonction du résultat obtenu par ces derniers. En réalité, on essaie de relier **le financement** et **l'efficacité**, en mesurant l'efficacité par le résultat universitaire des étudiants, mesurée, en général, sur la base de deux indicateurs :

- La différence entre les années théoriquement nécessaires pour terminer les études et la durée réelle des études.

- Le pourcentage d'étudiants qui abandonnent leurs études par rapport au nombre initial d'inscrits.

© OCDE 2002

En ce qui concerne les étapes inférieures (primaire et secondaire), les changements semblent se produire notamment dans deux directions :

- Une tendance à une certaine comparaison du financement des établissements publics et des établissements privés (parmi ceux-ci, ceux qui remplissent certaines conditions déterminées par l'État).

- Une tendance à modifier le caractère final des postes accordés aux établissements publics, en leur accordant davantage d'autonomie pour gérer les fonds selon leurs propres critères.

Les politiques du chèque scolaire aux parents peuvent être placées sur un autre plan, bien qu'elles ne semblent pas s'étendre actuellement, étant donné les doutes générés au sujet d'une augmentation probable des inégalités éducatives entre établissements et entre élèves.

5. *Financement croissant de l'éducation préscolaire*

Ainsi que le souligne J.W. Guthrie en analysant les tendances des réformes éducatives dans le monde dans une étude de l'OCDE (1996, p. 73), il existe une tendance, de la part des pouvoirs publics, à financer une part croissante de l'éducation préscolaire. Une brève estimation concernant les pays pour lesquels l'OCDE (1999) dispose de données fiables et comparables entre 1990 et 1995 nous démontre l'importante augmentation de ces postes budgétaires : à l'exception de la Finlande, dans les autres pays les augmentations se situent environ entre 10 et 25 %.

Il convient de rappeler, dans ce contexte, les recommandations données par la Banque mondiale vers la moitié de la dernière décennie, selon lesquelles il était très important – en termes de **rentabilité sociale** – d'investir davantage dans l'enseignement de base plutôt que dans l'enseignement supérieur :

« Les taux de rentabilité sociale des investissements réalisés dans l'éducation primaire et secondaire dépassent en général ceux de l'enseignement

Dépenses par élève, niveau préscolaire (en USD), dans les différents pays de l'OCDE (1990, 1995)

	Année 1990	Année 1995
Autriche	3 169	4 907
Canada	4 884	5 378
Espagne	2 056	2 516
Finlande	6 967	5 901
France	2 506	3 242
Islande	1 567	2 108
Pays-Bas	2 650	3 021
Royaume-Uni	4 566	5 049

© OCDE 2002

supérieur ; de même, les investissements dans l'enseignement de base peuvent améliorer l'équité car ils tendent à réduire les inégalités des ressources. » (1995)

6. *L'importance croissante des prêts aux étudiants comme système de financement de l'enseignement supérieur*

Curieusement, la tendance mentionnée ci-dessus (davantage de financement pour l'enseignement préscolaire) se manifeste à un moment historique où les pays tendent à répercuter une part significative du coût de l'enseignement supérieur aux familles des étudiants. Ces politiques s'accompagnent d'une politique généreuse par la concession de bourses et dernièrement, de manière croissante, par l'élargissement des prêts à faible intérêt, accordés par l'État. Deux critères de base conditionnent le remboursement ou non de ces prêts par les étudiants :

- Leur résultat universitaire, mesuré soit par le nombre d'années passées dans l'établissement, soit par le pourcentage de matières réussies chaque année.

- Leur niveau de revenu ultérieur, lorsqu'ils auront intégré le marché du travail. En appliquant ce critère on essaie de relier le prêt à l'avantage individuel obtenu par l'étudiant, du fait d'avoir pu étudier dans un établissement supérieur, grâce à l'aide de l'État.

Dans tous les cas, et ainsi qu'il était précisé ci-dessus, on peut affirmer que, à ce niveau éducatif, une part croissante des dépenses éducatives de l'État est consacrée aux bourses et surtout aux prêts, ce qui revient à dire qu'il se produit un changement de direction dans le caractère final du financement de l'éducation : il ne s'adresse pas seulement aux établissements qui accueillent les étudiants, mais aussi directement à ces derniers.

7. *Stratégies destinées à pallier les restrictions économiques dans le secteur éducatif*

Les solutions que la plupart des pays appliquent au secteur éducatif pour faire face aux restrictions budgétaires passent actuellement par trois types de stratégies (Péano 1998, p. 96)[8] :

- Une meilleure utilisation des ressources existantes, en modifiant les paramètres pour la prestation des services éducatifs (par exemple, par la fermeture d'établissements très déficitaires, la mise en place de concentrations scolaires dans les zones rurales, l'emploi des TIC dans l'enseignement, etc.).

- Une meilleure gestion et administration du système éducatif.

- L'obtention de nouvelles sources de financement (par exemple, par des accords avec les entreprises, les associations de parents, etc.).

© OCDE 2002

8.   *Relier le financement à l'efficacité des systèmes éducatifs*

A l'heure actuelle, on remarque également que l'amélioration du financement de l'éducation doit être fondée sur une augmentation de l'efficacité des systèmes éducatifs. Cette efficacité du système peut être mesurée, techniquement, selon divers paramètres, mais en général ces derniers sont davantage à caractère économique que de type socioculturel. C'est ainsi, par exemple, que se pose le problème de la nécessité de réduire le taux d'échec scolaire (mesuré par le redoublement et l'abandon de la scolarité), par la répercussion négative de type économique que ce phénomène représente. On signale que la réduction de ce taux d'échec améliore le taux d'insertion professionnelle des jeunes sortis du système éducatif et, en conséquence, on obtient une meilleure rentabilité économique du processus.

Tout cela permet de se référer à l'éducation, en termes économiques, comme à un **investissement rentable**, principe qui, par ailleurs, explicitement ou implicitement, a été mis en question à de très nombreuses occasions au cours des deux dernières décennies[9].

9.   *Relier le financement à la responsabilité financière du système éducatif et des établissements*

La relation entre le financement et l'efficacité peut être complétée, ainsi que cela se produit à l'heure actuelle, par la « présentation de comptes » à la société sur le bon usage qui est fait des ressources destinées à l'éducation. Immergée dans un climat qui exige toujours plus de transparence sur ce qui se « produit » au sein du système éducatif, la société réclame que « financement » et « obtention de bons résultats » soient les deux faces d'une même monnaie, c'est-à-dire qu'il ne doit pas y avoir davantage de financement si ces bons résultats ne se produisent pas de façon tangible[10]. En conséquence, il n'est pas étonnant que dans cette tempête déclenchée pour financer et obtenir des résultats tangibles, certains pays proposent de mettre en place de nouvelles formules de financement – marquées par la polémique – afin de rompre nettement avec le passé. Parmi ces formules, on peut signaler le *Performance-Related Pay* (PRP) qui consiste à rémunérer les professeurs en fonction des résultats obtenus. Ainsi que nous le verrons ci-après, cette formule a ses avantages et ses inconvénients.

10. *Changement de conception dans le financement de l'éducation*

Ce changement de conception du financement de l'éducation pourrait être délimité selon trois principes :

1. « L'éducation comme investissement *vs.* dépense. »
   Cela suppose sans aucun doute un changement de conception au moment d'élaborer les budgets généraux de l'État, ainsi que lors des débats sur

© OCDE 2002

l'opportunité ou non d'augmenter le poste budgétaire de ce secteur et la façon de le répartir.

2. « L'éducation comme investissement culturel *vs.* investissement économique. »
   En partant du principe ci-dessus, c'est-à-dire de l'éducation comme investissement, il convient de se demander si cet investissement est destiné à former des personnes ou s'il s'agit uniquement d'intégrer de façon appropriée ces personnes au marché du travail. Il est évident que ce dernier point a été l'argument le plus important pour défendre l'augmentation ou tout au moins la non-diminution, au cours des dernières années, des postes destinés à l'éducation. Ainsi que l'OCDE l'a démontré dans différentes études[11], investir dans l'éducation constitue un bon investissement économique, car il s'agit d'un facteur décisif pour la croissance économique d'un pays. Toutefois, dans nos sociétés, l'accroissement des problèmes de coexistence nous ramène une fois encore aux racines de l'éducation et à la nécessité de ne pas oublier sa contribution à la formation des personnes, en assurant des valeurs solides et une culture de base étendue.

3. « L'éducation comme investissement à long terme *vs.* investissement à court terme. »
   Cet aspect de l'éducation, qui implique que les investissements en éducation ne puissent être constatés qu'après une certaine période – dans un monde qui exige toujours plus l'immédiateté des résultats en rapport avec les investissements réalisés – est également en train de s'imposer peu à peu dans les politiques éducatives et parmi la population en général.

Toutefois, malgré les avancées réalisées jusqu'à présent, je pense que nous sommes encore en présence d'un changement de conception plus théorique que réel, et nous ne faisons qu'espérer que cette tendance se consolide au cours des prochaines années.

Problèmes latents et futurs du financement de l'éducation

Ci-après sont présentés certains problèmes du financement de l'éducation non encore résolus, bien qu'une bonne partie d'entre eux soient présents dans nos systèmes éducatifs depuis dix ans ou plus. On ne prétend pas donner des solutions universelles pouvant être appliquées à un pays quelconque, mais fournir de nouveaux éléments de réflexion permettant d'aborder ces problèmes de manière plus claire et déterminée.

1. *Financement et qualité de l'éducation*

On constate à l'heure actuelle le souci majeur de financer l'éducation en fonction des résultats, ce qui permet leur optimisation en accord avec ce principe. On

© OCDE 2002

cherche ainsi à relier la question du financement à la qualité du système éducatif en général et aux établissements éducatifs en particulier. Cependant, le premier problème que nous rencontrons réside dans la délimitation du concept de qualité et de sa mesure. Le second problème à surmonter consiste à déterminer les répercussions économiques que suppose une soi-disant augmentation de la qualité de l'éducation. Pour illustrer la complexité de cette question, on peut prendre comme référence l'un des indicateurs classiques de la qualité de l'éducation : le ratio élèves/classe.

Il convient de préciser à ce sujet que cet indicateur est très controversé en tant que mesure de la qualité éducative dans les pays développés. Utilisé dans de nombreuses occasions comme étendard pour demander une augmentation des budgets destinés à l'éducation – ou, au contraire, pour justifier une diminution de ces budgets en augmentant le nombre d'élèves par classe dans les établissements – il est certain que dans de nombreux cas ce débat technico-pédagogique a été contaminé par le débat politique. Cependant, certaines études semblent indiquer que le fait de diminuer ce ratio dans un système éducatif ne contribue pas toujours – par lui-même – à améliorer la qualité[12]. A titre d'exemple, nous pouvons signaler l'étude réalisée par l'OFSTED (*Office for Standards in Education*) britannique – qui n'a été critiquée ni par les travaillistes ni par les conservateurs – intitulée *Class size and the quality of education*. Parmi les conclusions les plus marquantes de cette étude, fondée sur 1 173 inspections réalisées dans les établissements britanniques, on peut citer les suivantes :

- Il n'existe pas de corrélation significative entre le ratio élèves/classe et la qualité de l'apprentissage.
- Les méthodes d'enseignement et l'organisation de la classe ont un impact plus important sur l'apprentissage que le ratio élèves/classe.
- La réduction des ratios ne suppose une augmentation de la qualité que pour les groupes suivants :
  - Les enfants de 5 à 7 ans (ce qui correspond aux deux premières années du primaire dans le système éducatif britannique).
  - Les élèves ayant des besoins spéciaux.
  - Les élèves en difficulté.
- A l'exception des classes d'enfants très jeunes (5-7 ans), les diminutions d'un, deux ou trois élèves ne supposent pas un avantage éducatif justifiant d'accroître la dépense publique (B. Passmore, 1995, p. 6).

Devant les résultats de cette étude et parmi d'autres, il convient de débattre de l'avenir du financement de l'éducation, notamment dans les systèmes éducatifs des pays de l'environnement européen qui, dans de nombreux cas, ont de faibles ratios élèves/classe.

© OCDE 2002

2. Financement et droit à l'éducation : l'égalité des chances

Après des années continues d'expansion de l'inscription scolaire et de croissance sociale d'une partie significative de la population, de nombreuses études[13] démontrent qu'il existe toujours une relation évidente entre :

- Classe sociale et type d'école.
- Classe sociale et résultats scolaires.
- Classe sociale et niveau éducatif atteint.

D'aucuns font remarquer, en outre, que cette réalité s'est détériorée au cours des dernières années. De même que nous pouvons nous référer sans l'ombre d'un doute à l'amplification de l'abîme économique et de bien-être qui sépare les pays développés des pays en voie de développement[14], nous pouvons également remarquer l'augmentation des inégalités sociales et éducatives. Cela suppose des mondes et des villes à « deux vitesses » et aussi des « écoles à deux vitesses ».

Cette situation est aggravée et menacée par la crise financière que subit le secteur éducatif et, par conséquent, il convient de se poser les questions suivantes : comment appliquer un modèle de financement qui évite, à tout le moins, l'aggravation de cette situation ? Comment financer l'enseignement pour obtenir l'application réelle du principe d'égalité des chances ? Vers la moitié des années 90, la Banque mondiale (1995) énumérait certaines des priorités auxquelles la politique éducative des pays devrait accorder une attention particulière. Ainsi qu'on peut l'observer, un grand nombre de ces priorités sont nettement liées au financement du secteur éducatif :

- Accorder une grande priorité à l'enseignement, même si l'enseignement ne peut réduire à lui seul la pauvreté sans l'accompagnement d'autres politiques macro-économiques.
- Accorder une attention particulière aux résultats obtenus : succès scolaire.
- Accorder une attention spéciale à l'investissement public destiné à l'enseignement de base.
- Accorder une attention particulière à l'égalité, en promouvant le droit à l'enseignement de toute personne, indépendamment de la classe sociale, du sexe, du groupe ethnique.
- Impliquer la famille dans l'enseignement, dans les organes des établissements scolaires et dans le choix de l'établissement.
- Fournir aux établissements une autonomie institutionnelle. Cependant, au sujet de cette priorité, la Banque mondiale fait remarquer qu'il est nécessaire d'apporter deux précisions souvent oubliées par les gouvernements :
  1. Dans les pays en voie de développement, une plus grande autonomie des établissements scolaires ne signifie pas obligatoirement un accroissement de la qualité.

© OCDE 2002

2. En dotant les établissements d'une plus grande autonomie financière, l'objectif doit être d'améliorer l'apprentissage et de ne pas réduire l'ensemble des ressources destinées à l'enseignement.

3. Financement et évolutions dans l'enseignement supérieur

Il y a quelques années, S. Heyneman (1997) signalait que l'enseignement supérieur envisageait quatre types de réformes fondamentales :

- Diversifier l'offre éducative des établissements et la typologie des études.
- Diversifier les mécanismes de financement : paiement des inscriptions, paiement des services universitaires, prêts, bourses.
- Accroître l'efficacité institutionnelle : poids plus important des TIC, échelles salariales plus étendues parmi les professeurs.
- Réduire certains services universitaires : assurance scolaire, transport.

Cette liste de réformes, et surtout la seconde, permet de déduire que toutes ont une nette incidence sur la question du financement de l'enseignement supérieur. De nombreux gouvernements ont pour objectif primordial de freiner, en termes de pourcentage – et en même temps d'**optimiser** – l'investissement croissant qui est réalisé à ce stade du système éducatif, en raison de l'accroissement du nombre d'étudiants.

Toutefois, et sans amoindrir ce qui a été précisé jusqu'à présent, je pense que les changements fondamentaux qui sont en train de se produire à ce niveau éducatif concernent beaucoup plus la question de la classe sociale des étudiants. La Banque mondiale (1995) le signalait il y a quelques années, de manière fort claire :

« Ce que le secteur public dépense dans l'enseignement supérieur provoque une inégalité particulière du fait que l'aide par étudiant est beaucoup plus élevée que dans l'enseignement de base, alors que les étudiants de l'enseignement supérieur proviennent, de manière disproportionnée, des familles les plus fortunées. »

A partir de ce diagnostic – de toute évidence certain, bien que difficile à accepter et à défendre devant les citoyens par les gouvernements de nombreux pays – différentes propositions ont été avancées dans les pays développés pour répercuter les dépenses éducatives de l'enseignement supérieur sur les étudiants et leurs familles, tout en essayant de faire en sorte que les nouvelles propositions ne supposent pas une charge économique supplémentaire pour les familles économiquement moins favorisées. C'est dans ce contexte que s'inscrit, par exemple, la proposition du gouvernement australien. L'*Australian Higher Education Credit Scheme* (HECS) établit que les élèves peuvent payer les taxes et leurs dépenses courantes à l'aide d'un prêt qui devra être remboursé par l'intermédiaire du système des impôts, uniquement dans le cas où leurs revenus

© OCDE 2002

ultérieurs dépasseraient un revenu minimal spécifique. Une version similaire a été récemment proposée par l'Allemagne (N.H. Weiler, 1999, p. 23). La proposition du Premier ministre britannique Tony Blair lie également le remboursement du prêt aux revenus perçus par les étudiants, cinq ans après avoir terminé leurs études universitaires.

Toutes ces propositions sont intéressantes et nouvelles car elles brisent l'immobilisme qui conduit à penser que l'enseignement supérieur est gratuit pour toute la population. Cependant, il reste à savoir si ces propositions sont pertinentes ou non et ce sera le cas dans peu d'années, lorsqu'on observera dans quelle mesure elles se seront répercutées ou non sur le profil socio-économique actuel des étudiants.

4. *Financement et privatisation de l'éducation*

En Europe, l'un des aspects clés du financement de l'éducation est fondé sur l'appréciation de nombreux experts qui pensent qu'un tournant idéologique est en train de se produire, visant à étendre la privatisation de l'éducation au détriment de l'éducation publique. Les données de l'OCDE (1998, p. 20) semblent confirmer cette tendance.

En réalité, si nous observons l'évolution des systèmes éducatifs de notre environnement, nous pouvons constater que les gouvernements ont pris des mesures diverses et constantes – avec une signification politique différente – pour augmenter la privatisation du secteur éducatif. M. Bray (1998, pp. 107-108) signale que les gouvernements ont encouragé cette privatisation par quatre types de mesures :

- Le transfert de la propriété des écoles publiques au secteur privé ; on passe d'une entreprise à but non lucratif à une autre de type commercial.

- Le déplacement de l'équilibre existant entre le double réseau scolaire public et privé, en faveur du second : en prenant des mesures qui encouragent l'extension du secteur privé (par l'inscription des élèves dans ce type d'établissement et en favorisant la création de nouveaux établissements) ou en freinant l'extension du secteur public.

- L'accroissement du financement des écoles privées : soit en finançant directement les établissements, soit indirectement à travers les familles dont les enfants fréquentent ces établissements (chèque scolaire).

- L'accroissement du financement et/ou du contrôle des établissements publics par le secteur privé : bien que les établissements publics demeurent dans les mains de l'État, le degré d'intervention de la société civile et d'autres organisations non liées à l'État est en augmentation. Tout cela suppose de nouvelles formes de privatisation du secteur public.

© OCDE 2002

Une fois encore, la question clé est la suivante : comment ce type de mesures peut-il avoir une incidence sur l'objectif à atteindre, qui est de doter la population d'un enseignement de qualité ? et, plus concrètement, comment la privatisation affecte-t-elle les groupes de population moins favorisés du point de vue social et économique ?

5. Financement et liberté de choix

Il a été affirmé, à différentes occasions, que la mise en place d'un système de quasi-marché de l'éducation permettant aux parents[15] une plus grande possibilité de choix de l'établissement – ainsi qu'un plus grand degré de compétitivité entre les établissements – masquait l'intention de réduire l'investissement public en éducation et de creuser les différences en faveur du secteur privé. Ce nouveau modèle conduirait à considérer toujours plus les parents comme des clients et seuls bénéficiaires de l'éducation de leurs enfants, en cessant de considérer l'éducation des enfants et des jeunes comme un bien social. En conséquence, cela permettrait de répercuter sur eux les dépenses générées par leurs enfants. L'avis du professeur G. Walford (1996, p. 14), basé sur l'expérience néo-zélandaise, coïncide avec cette position :

« Il y a peu de certitudes que la compétitivité puisse provoquer une amélioration des écoles. Au contraire, il existe une certitude croissante que le quasi-marché en matière d'écoles conduit à une plus grande inégalité entre les écoles et une plus grande polarisation entre les groupes sociaux et ethniques au sein de chaque société. Dans de nombreux cas, le quasi-marché masque le désir de réduire l'investissement public en éducation et d'introduire un processus progressif de privatisation[16]. »

Malgré cela, de nombreux pays continuent d'étudier et d'expérimenter des variantes du système actuel de financement des établissements éducatifs, afin d'assurer une couverture financière au principe de la liberté de choix des établissements. Parmi les propositions faites pour atteindre cet objectif, le chèque scolaire fait figure de favori car il permet d'étendre l'application du principe du libre choix des établissements, en comparant le secteur public et le secteur privé.

Cependant, la difficulté apparaît lorsque les législateurs souhaitent que ce principe de liberté de choix soit parfaitement compatible avec le principe d'égalité face à l'éducation. Une des dernières expériences novatrices à ce sujet est constituée par le cas australien. Il tente de combiner les principes directeurs du chèque scolaire – bien que, dans ce cas, donné aux établissements en fonction des caractéristiques des familles – avec le principe d'égalité face à l'éducation. En appliquant des mesures de discrimination positive, ce pays a mis en place un nouveau modèle de financement des établissements privés, afin de permettre aux familles à faibles ressources d'y accéder (à l'heure actuelle, le secteur privé

© OCDE 2002

accueille 30 % des élèves). G. Maslen (1999, p. 26) résume fort bien les caractéristiques du nouveau système :

- Les établissements privés devront atteindre les objectifs nationaux des différentes matières du cursus.

- Les établissements seront financés plus ou moins en fonction du statut socio-économique des parents. Ainsi, le système de financement des établissements privés sera plus transparent et spécifique à l'établissement.

En définitive, ce nouveau système vise à étendre la liberté de choix des établissements aux familles à faibles ressources économiques. Par ailleurs, d'autres modèles de chèque scolaire ne sont pas à écarter. Par exemple, un chèque scolaire individuel accordé à chaque famille avec des enfants en âge scolaire. Ou encore, basé également sur le principe de discrimination positive, des chèques différents en fonction du niveau de revenu des familles (à revenu important, chèque moins élevé[17]).

6. *Financement et* TIC

A l'heure actuelle, on note une tendance à penser que l'utilisation des TIC fournit un enseignement moins coûteux car leur impact éducatif s'étend à d'énormes masses de population. Toutefois, il n'est pas tenu compte, en général, du fait que l'utilisation des TIC nécessite, par exemple, une importante préparation des enseignants pour en faire un usage approprié, ce qui entraîne un coût économique élevé. Concrètement, le déploiement d'une modalité d'enseignement basée sur les TIC nécessite d'importants investissements en :

- Ordinateurs et programmes éducatifs.

- Réseaux permettant la transmission d'informations intra-établissements, inter-établissements et entre établissements scolaires et autres lieux disposant de ressources éducatives (musées, bibliothèques virtuelles).

- Formation initiale et permanente des professeurs, centrée sur l'utilisation des ordinateurs, les réseaux, les programmes et les ressources qu'ils peuvent créer.

- Formation initiale et permanente des professeurs pour leur permettre de rechercher et sélectionner l'information disponible sur les réseaux et créer des connaissances utiles et créatives.

- Formation initiale et permanente des professeurs, destinée à préparer les enseignants à assumer de manière appropriée le nouveau rôle que leur offre l'arrivée de la société de l'information et de la connaissance : un rôle plus ouvert et en collaboration plus étroite avec les autres entités et les professionnels de l'éducation.

© OCDE 2002

La réalisation de ces investissements suppose un coût aussi ou plus élevé que celui prévu initialement pour une modalité d'enseignement traditionnel. Ainsi, la question fondamentale réside dans le fait de rendre économiquement possible l'application des TIC à l'enseignement pour l'**ensemble de la population** et non pas seulement pour ceux qui disposent des ressources complémentaires nécessaires dans leur foyer. Une fois de plus, le grand défi du financement de l'éducation consiste à rendre compatibles le développement (dans ce cas, le « développement technologique ») et l'égalité des chances.

7. *Financement et paiement en fonction des résultats*

Les propositions émanant du contexte anglo-saxon de « payer en fonction des résultats » s'inscrivent dans cette tendance à financer l'éducation à partir des critères de rentabilité du système éducatif. Ces propositions, appliquées aux professeurs, ont donné lieu à d'importants débats non seulement sur le type de critères à appliquer pour mesurer les résultats des professeurs[18], mais aussi sur le bien-fondé ou la perversité de ce mode de financement.

Dans ce sens, il est intéressant d'analyser certaines des expériences réalisées et d'en retenir les connaissances qui en découlent. Par exemple, dans le district de Hartford (Connecticut, États-Unis) il a été proposé aux professeurs des établissements publics de recevoir un complément économique d'environ 1 500 USD si leurs étudiants obtenaient au moins trois points au-dessus de la moyenne obtenue l'année précédente dans les épreuves standardisées de rendement. La proposition a été approuvée malgré l'opposition des professeurs. Il est intéressant de mentionner les arguments avancés par ces professeurs pour critiquer la proposition :

- C'est un affront de penser que le travail est mieux fait si on perçoit ces gains.

- Les professeurs ne peuvent pas contrôler certaines variantes qui ont une incidence significative sur les résultats : consommation de drogue, problèmes avec les familles monoparentales, problèmes familiaux.

- Il est préférable de consacrer cet argent à des ressources et à la formation des professeurs.

En revanche, les responsables du district scolaire avancèrent les arguments suivants pour défendre la proposition :

- C'est un bon système pour élever le niveau de rendement des élèves, car il introduit des encouragements pour les professeurs.

- C'est une bonne stratégie pour savoir quels sont les directeurs d'établissement préoccupés par l'obtention d'une éducation excellente.

- Elle aide les écoles à surmonter les problèmes découlant des contextes difficiles (pauvreté, familles éclatées, etc., J. Marcus, 1996).

31

© OCDE 2002

Ainsi qu'on peut le constater, les arguments des uns et des autres sont suffisamment solides pour ouvrir le débat plutôt que le fermer.

Dans tous les cas, il me semble opportun de présenter les idées d'Allan Odden, professeur à l'université de Wisconsin et conseiller du DfEE britannique. Sur la base des expériences réalisées dans différents états des États-Unis, ce professeur souligne les facteurs clés du succès du PRP (*Performance-Related Pay*) appliqué aux professeurs :

- Impliquer dans l'expérience tous les principaux agents éducatifs : les syndicats, les professeurs et le public en général.

- Investir davantage dans l'éducation : l'expérience exige de l'argent supplémentaire et ne peut être utilisée comme stratégie pour réduire les budgets de l'éducation.

- Former les professeurs pour les aider à atteindre les objectifs proposés : cela suppose d'investir en formation entre 2 et 3 % du budget de l'éducation.

- Ne pas établir de quotas : toutes les écoles qui améliorent leurs résultats doivent être récompensées (sans quotas préétablis sur le nombre d'établissements pouvant bénéficier des ressources en fonction de l'expérience).

- Il faut être persévérant : la plupart des projets comportent des erreurs initiales qu'il faut corriger ultérieurement (D. Hinds, 1999, p. 27).

Conclusions

1. *Derrière chaque stratégie financière il y a un choix idéologique*

Ce choix idéologique tient notamment compte :

- Des principes considérés fondamentaux dans l'éducation et qui doivent être prioritaires dans chaque politique éducative concrète d'un gouvernement.

- Du modèle et de la fonction de l'État face à l'éducation.

- Du modèle et de la fonction de l'établissement éducatif.

2. *Les modèles financiers des pays doivent être analysés dans leur contexte*

Ce contexte est nettement subordonné à des conditions de type économique, social, politique et culturel, et il est impossible de négliger le fait que tout cela ne peut pas être modifié en profondeur en un court laps de temps. De même, le fonctionnement du système éducatif et son évolution historique détermineront dans une grande mesure le modèle de financement adopté.

© OCDE 2002

3. Certaines formules pour résoudre les problèmes financiers de l'éducation perdurent avec le temps

C'est ce que nous avons pu constater avec les propositions exposées par C. Tibi (1989) et F. Caillods (1989) dans le célèbre rapport de l'IIPE de 1989. Cependant, bien qu'il existe des restrictions budgétaires semblables à celles des années 80, il est également exact que certains aspects de type contextuel ont altéré de manière significative le scénario éducatif sur lequel il faut agir. La mondialisation, l'incursion du secteur privé dans le domaine social, la perte de pouvoir de l'État et la résurgence de la société civile dans un bon nombre de pays, l'expansion de l'éducation au-delà des frontières du système scolaire, l'arrivée de la société de l'information et du savoir, les nouvelles TIC, tout cela a modifié la façon d'aborder l'éducation et les exemples idéologiques qui la soutiennent. En conséquence, il convient de trouver des stratégies alternatives aux modèles classiques de financement, sans fissurer les résultats obtenus jusqu'à présent avec l'État providence.

4. Dans le financement de l'éducation, il convient d'envisager comme critère politique de faire en sorte qu'il existe toujours plus d'équilibre entre ceux qui bénéficient de l'éducation et ceux qui paient pour elle[19]

La description et l'analyse du financement de l'enseignement supérieur, à l'heure actuelle, dans les pays développés et dans les pays en voie de développement, nous démontrent que c'est à ce niveau éducatif qu'il existe très nettement des différences entre ceux qui paient l'éducation (la société en général) et ceux qui bénéficient de cet investissement (les étudiants et la société indirectement). Il s'agit d'une question clé qui est en étroite relation avec l'égalité des chances, l'équilibre social, l'efficacité et l'optimisation du système.

5. Le financement doit envisager de préférence la couverture des programmes de « seconde chance »

Étant donné la situation d'inégalité éducative existant encore dans nos pays (OCDE, 1997), l'inconvenance que cela suppose dans une société démocratique, et **la demande croissante d'éducation tout au long de la vie**, permettant une couverture excellente des programmes de « seconde chance », il est évident que le financement de l'éducation doit accorder une attention particulière à de tels programmes.

Muriel Poisson (1999, p.14) signale les stratégies à suivre au cours des prochaines années pour fournir cette seconde chance éducative à la population moins favorisée. Parmi ces stratégies, figure la nécessité de distribuer les ressources éducatives sous une forme différente. Pour ce faire, deux questions clés doivent être résolues :

- Comment subventionner les programmes éducatifs destinés aux familles défavorisées, sans que le coût de ces programmes soit répercuté sur ces familles.

© OCDE 2002

• Comment réaliser une distribution des ressources plus équitable entre les enfants et les jeunes bien scolarisés, ceux dont le degré d'échec est élevé dans l'établissement et, enfin, ceux qui abandonnent le système éducatif.

6. Le financement de l'éducation est étroitement lié à l'autonomie des établissements scolaires, de sorte que l'un sans l'autre n'a plus aucun sens

S'il n'existe pas de financement approprié, l'autonomie scolaire sera plus théorique que réelle, étant donné que les établissements ne pourront pas mener à bien leurs propres programmes éducatifs et rendre compte, *a posteriori*, de ce qui a été réalisé avec les ressources qui leur ont été allouées. Lors d'un symposium qui a eu lieu en Israël au sujet de l'autonomie scolaire, entre autres conclusions figurait la suivante :

« La responsabilité financière est également une partie cruciale de l'autonomie scolaire et du choix éventuel des établissements. Cependant, sous réserve de la présentation des comptes, les écoles doivent disposer des ressources nécessaires pour mettre en œuvre leurs propres programmes éducatifs. » (Shapira, Cookson, 1997, p. 11).

7. Le financement de l'État permet de compenser les défaillances du « marché » en éducation

Ainsi que le signale la Banque mondiale (1995), le financement de l'éducation constitue un puissant outil pour compenser les inégalités découlant de l'application de certains principes du marché en éducation, tels que : la compétitivité, le libre choix des établissements, la privatisation des services éducatifs, etc. Le rapport de 1995 de ce prestigieux organisme soulignait, en outre, qu'il existe des inégalités en raison d'une utilisation erronée des ressources destinées à l'éducation. En définitive, l'investissement dans l'éducation (Banque mondiale, 1995) permet :

• De réduire les inégalités.

• De donner des chances au secteur le plus défavorisé de la population.

• De compenser les défaillances du « marché ».

• De fournir des informations sur les avantages de l'éducation.

8. Financer l'éducation de manière appropriée suppose un changement de mentalité de la société et des familles

La question du financement n'est pas seulement le problème des gouvernements mais aussi de la société civile. Il est nécessaire de « faire de la pédagogie » auprès de cette dernière pour qu'elle soit consciente de l'importance de l'investissement dans l'éducation et de celle qu'il aura dans le futur. Il est difficile de

© OCDE 2002

faire des propositions d'accroissement du financement de l'éducation si les familles ne sont pas convaincues qu'investir dans l'éducation c'est investir dans le futur.

Dans ce sens, M. Carnoy et M. Castells (1997) nous signalent qu'il est urgent d'encourager les familles et les groupes de tout type à investir dans le « savoir » et les « compétences ». Cela sera indispensable pour pouvoir nous adapter aux changements structurels et technologiques qui s'approchent.

© OCDE 2002

Notes

1. On peut consulter, à ce sujet, les pages web des organismes cités : *www.oecd.org*, *www.unesco.org/iiep*, *www.worldbank.org*, *www.eurydice.org*.

2. Pour mieux connaître la situation de l'enseignement public et privé dans les pays de l'Union européenne, on peut consulter le récent ouvrage d'Eurydice (1999), qu'il est possible de trouver sur la page web de ce réseau européen, cité ci-dessus.

3. Parmi les premiers on trouve la plupart des pays de l'Union européenne, tandis que, parmi les seconds, on trouve l'Espagne, bien qu'il faille reconnaître que des avancées significatives ont été réalisées dans ce domaine au cours des années 90.

4. Bien que cette tendance puisse sembler une évidence, des indicateurs inquiétants démontrent que certains pays lancent des processus qui permettront à l'État de cesser de financer certains aspects liés au domaine « social » (dont l'éducation fait partie). Par exemple, la réduction des prestations sociales en matière de chômage, les nouvelles formules de retraite exclusivement centrées sur l'épargne privée et personnelle de l'individu, etc., sont autant d'échantillons d'une certaine tendance de l'État à se désengager d'obligations financières qu'il a traditionnellement assumées.

5. Les *grant maintened schools* britanniques sont un exemple allant dans ce sens, ainsi que le cas de la politique éducative appliquée par certaines contrées d'Australie qui financent les établissements en fonction du statut socio-économique des familles dont les enfants fréquentent l'établissement.

6. C. Tibi signalait déjà cette tendance il y a dix ans, lorsqu'il indiquait quels étaient les facteurs permettant d'expliquer la crise du financement de l'éducation à la fin des années 80 (1989, pp.108-109). Ces facteurs sont toujours d'actualité : augmentation du coût global de l'éducation (essentiellement en raison de l'augmentation des inscriptions dans l'enseignement secondaire et supérieur, dont le coût est plus élevé que l'enseignement primaire), augmentation des aides et davantage de bénéficiaires au stade de l'enseignement supérieur, et manque de confiance au sujet du rendement économique produit par l'investissement dans l'éducation.

7. Les Pays-Bas constituent un cas relativement atypique, où une loi prévoit que le traitement entre les deux types d'établissement doit être exactement identique. Il convient de replacer ce phénomène dans le contexte de ce pays où environ 70 % des élèves du primaire fréquentent des établissements privés.

8. F. Caillods envisageait il y a plus de dix ans les stratégies visant à réduire l'impact de la crise économique sur l'éducation (1989, pp.15-16). Comme nous pouvons l'observer, un grand nombre d'entre elles sont toujours d'actualité : i) améliorer la destination des ressources publiques, ii) améliorer l'utilisation des ressources existantes et iii) améliorer les sources de financement et trouver de nouvelles ressources, ce qui implique de réexaminer la privatisation du financement et de réexaminer la privatisation de la gestion.

© OCDE 2002

9. Cela s'est probablement produit pour justifier les importantes diminutions budgétaires du secteur éducatif, survenues au cours des deux dernières décennies dans la plupart des pays.

10. En réalité, la crise actuelle du système scolaire, ainsi que le manque de résultats positifs tangibles, rend difficile toute augmentation des postes destinés à ce secteur.

11. Parmi les études réalisées dans ce domaine, celle publiée par l'OCDE en 1998 sous le titre « L'Investissement dans le capital humain » m'a paru la plus rigoureuse.

12. Aborder les autres facteurs liés à la qualité nous éloignerait trop du sujet qui nous intéresse à savoir la relation entre financement et qualité de l'enseignement.

13. Bien que ce sujet puisse paraître dépassé, je pense qu'il ne l'est pas. Les pays qui entreprennent des études sur ce thème (la France et le Royaume-Uni, pour donner l'exemple de deux pays dont les systèmes éducatifs et les traditions éducatives sont différentes) mettent cette situation en lumière. Il est possible de consulter les nombreux articles publiés à ce sujet, tels *League Tables* dans le *Times Educational Supplement* ou les études et les données parues dans *Le Monde de l'Éducation*, concernant les minorités culturelles, la violence à l'école, les ZEP (Zones d'Éducation Prioritaire, voir n° 278, février 2000). Il est également possible de consulter la prestigieuse revue *Oxford Studies in Comparative Education* (1996) qui publie des articles sur différents pays (Pays-Bas, Nouvelle-Zélande, Allemagne, Australie, entre autres) et qui met nettement en évidence ce lien entre classe sociale et éducation.

14. Cela est mis en évidence dans les trois rapports de 1999, élaborés par l'UNICEF (1999), l'UNPD (1999) et la Banque mondiale (1999).

15. Dans de nombreux cas, cette liberté de choix est plus apparente que réelle.

16. Cette affirmation se réfère à la situation actuelle en Nouvelle-Zélande qui, en 1989, mettait en place une réforme du système éducatif (dénommée *Tomorrow's Schools*) qui a transformé un système très centralisé en un autre système où les plus grandes compétences étaient transférées aux établissements scolaires et aux parents, en se basant sur une politique néo-libérale de l'éducation.

17. Sans vouloir traiter à fond le débat sur le chèque scolaire et ses différentes modalités, pour ceux que le sujet intéresse il est indispensable de lire le célèbre article de M. Carnoy (1998) analysant les expériences chilienne et suédoise et tirant des conclusions très importantes à ce sujet.

18. Évaluation de l'activité du professeur dans la classe, rendement attendu de ses élèves mesuré au moyen d'épreuves extérieures, de projets d'innovation éducative menés à bien, etc., sont parmi les critères utilisés, mais c'est le second qui a été le plus vivement défendu en raison de sa transparence et de sa clarté.

19. Cette idée est de T. Neville Postlethwaite (1999, 7-8) qui envisage six défis pour l'éducation du futur : 1 – Équilibre entre formation initiale et formation continue. 2 – Équilibre entre ceux qui bénéficient de l'éducation et ceux qui paient pour elle. 3 – Développement de la technologie. 4 – Développement de la démocratie et de la tolérance. 5 – Équilibre entre unité et diversité des systèmes éducatifs européens. 6 – Amélioration des standards éducatifs et réduction des déséquilibres entre les pays et à l'intérieur des pays.

© OCDE 2002

Références

BANQUE MONDIALE (1995),
> L'enseignement supérieur. Les leçons de l'expérience (série : Le développement à l'œuvre), 115 p.

BANQUE MONDIALE (1995),
> *Priorities and strategies for education*, Banque mondiale, Washington DC, 173 p.

BANQUE MONDIALE (1999),
> Le *développement au seuil du XXIᵉ siècle, rapport sur le développement dans le monde*, 1999/2000, World Bank-Oxford University Press, New York, NY.

BRAY, M. (1998),
> « La privatisation de l'enseignement secondaire : analyse et conséquences pour les politiques à suivre », L'*éducation pour le XXIᵉ siècle. Questions et perspectives*, UNESCO, Paris, pp. 299-321.

CAILLODS, F. (1989),
> Les perspectives de la planification de l'éducation, UNESCO/IIPE, Paris.

CARNOY, M. (1998),
> « National voucher plans in Chile and Sweden: did privatization reforms make for better education? », *Comparative Education Review*, vol. 42, n° 3, août 1998, pp. 309-337.

CARNOY, M., CASTELLS, M. (1997),
> Une flexibilité durable : étude prospective sur le travail, la famille, et la société à l'ère de l'information, CERI/OCDE, Paris.

DELPÉRÉE, F. (1993),
> Le renouveau de l'éducation en Europe. Commentaires au départ de l'expérience belge, document polycopié, OIDEL, pp. 6-7.

EURYDICE (1999),
> L'enseignement privé/non-public dans les États membres de l'Union européenne : formes et statuts, Bruxelles.

GUTHRIE, J.W. (1996),
> « L'évolution des politiques économiques et son incidence sur l'évaluation des systèmes éducatifs », in *Évaluer et réformer les systèmes éducatifs*, OCDE, Paris, pp. 69-94.

HEYNEMAN, S. (1997),
> « Croissance économique et échange international d'idées sur la réforme de l'éducation », *Perspectives*, vol. XXVII, n° 4, décembre, pp. 535-571.

HINDS, D. (1999),
> « Praiseworthy reward system ? », TES, 25/06/1999, p. 27.

© OCDE 2002

MARCUS, J. (1996),
« Principals turn down pay by results », TES, 08/03/1996, p. 13.

MASLEN, G. (1999),
« Private schools get public money », TES, 04/06/1999, p. 26.

NEVILLE POSTLETHWAITE, T (1999),
« Enseignement : déchiffrons l'avenir », *Lettre d'information de l'*IIPE, vol. XVII, n° 4, octobre-décembre 1999, Paris.

OCDE (1997),
*Éducation et équité dans les pays de l'*OCDE, OCDE, Paris.

OCDE (1998),
Regards sur l'éducation, OCDE, Paris.

OCDE (1999),
Regards sur l'éducation, CD-ROM, OCDE, Paris.

PASSMORE, B. (1995),
« Small is best, but not for everyone », TES, 17:11/1995, p. 6.

PÉANO, S. (1998),
« Le financement des systèmes éducatifs », *L'éducation pour le XXIᵉ siècle. Questions et perspectives*, UNESCO, Paris, pp. 82-103.

PNUD (1999),
Rapport mondial sur le développement humain, Programme des Nations Unies pour le développement.

POISSON, M. (1999),
« Donner une seconde chance aux "oubliés" de l'école », *Lettre d'information de l'*IIPE, octobre-décembre 1999, Paris.

SHAPIRA, R., COOKSON, P. (ed.) (1997),
Autonomy and choice in context: an international perspective, Pergamon Press, Oxford.

TIBI, C. (1989),
« Le financement de l'éducation : l'impact de la crise et de l'ajustement ». *Les perspectives de la planification de l'éducation*, UNESCO/IIPE, Paris.

UNICEF (1999),
La petite enfance, Unicef, New York, NY.

WALFORD, G. (1996),
« School choice and the quasi-market », *Oxford Studies in Comparative Education*, vol. 6 (1), éd. Triangle, Oxfordshire, pp. 7-15.

WEILER, N.H. (1999),
« Universities, markets, and the state: higher education financing on a laboratory of change », CESE N*ewsletter*, n° 41, mai 1999, pp. 19-25.

© OCDE 2002

Le financement des infrastructures scolaires au Mexique dans le cadre de la fédéralisation

par

Jesús ALVAREZ

Directeur général du développement au ministère de l'Éducation publique, Mexico

Introduction

Au début des années 90, le Mexique a engagé un vaste processus de réforme éducative qui prévoit la décentralisation, au niveau des états et des communes, de l'aménagement et du fonctionnement des infrastructures éducatives, qui étaient jusqu'ici financées sur des fonds publics fédéraux et contrôlées à l'échelon central. Les états et les communes du Mexique disposent désormais de ressources qui leur sont attribuées à cette fin et de la liberté de décider quels établissements construire, rénover, équiper ou entretenir, dans quelles conditions, quand et où, en fonction de leur propre programme de développement, ce qui ouvre la possibilité de mettre en œuvre des formules de participation avec le secteur privé.

Le document qui suit analyse le nouveau rôle qui incombe aux administrations fédérales, à celles de l'État et des communes ainsi qu'aux familles et à la collectivité. Il décrit le déroulement du processus de réforme, ses conséquences pour l'aménagement d'établissements scolaires adaptés, efficaces et suffisants ainsi que les défis et les opportunités résultant des nouvelles formules de participation. L'arrivée de nouveaux acteurs exige d'élargir les compétences de gestion nécessaires pour la négociation comme pour l'administration des ressources.

On peut en conclure que les états du Mexique disposent actuellement d'une meilleure répartition des établissements scolaires locaux, dont la conception architecturale et les matériaux sont adaptés aux conditions locales, que la gestion du budget de l'éducation consacré à l'infrastructure est plus efficiente et que la fédération continue à disposer des mécanismes de contrôle nécessaires. La participation du secteur privé se développe et l'on dénombre des expériences prometteuses, en particulier au niveau de l'offre d'équipement en nouvelles technologies, qui était très insuffisante.

© OCDE 2002

Antécédents

Après plusieurs décennies de gestion centralisée de l'enseignement de base (préscolaire, primaire et premier cycle du secondaire), le ministère de l'Éducation publique (SEP), les gouvernements des états et le Syndicat national des employés de l'éducation (SNTE) ont signé en mai 1992 l'accord national pour la modernisation de l'enseignement de base (ANMEB). Par cet accord, la SEP transférait aux administrations des états les compétences, les pouvoirs et les ressources nécessaires à la gestion décentralisée de ces services et chargeait de ce fait les mairies de jouer un rôle plus actif. Ce processus s'est déroulé dans le cadre d'un vaste projet de réforme de l'État et de modernisation de la gestion publique.

Jusqu'à cette date, les états[1] se voyaient imposer les politiques et les stratégies de développement de l'éducation, définies au niveau central. Dans la pratique, les administrations des états et des communes ne participaient guère à la conception, à la gestion et à l'expansion des services éducatifs. Les activités touchant au secteur de l'éducation étaient considérées dans la plupart des cas comme intégrées à un projet national lointain dans lequel les réalités locales et les préoccupations sociales étaient rarement envisagées tandis que la volonté d'intégrer l'éducation dans les politiques publiques faisait défaut dans plusieurs états. Pourtant, certains états avaient, parallèlement aux services fédéraux, développé des services publics d'enseignement, situation qui, dans plusieurs cas, a été à l'origine de doubles-emplois.

La réforme de l'éducation lancée en 1992 a tout d'abord été centrée sur l'enseignement de base qui concerne le gros des effectifs et c'est à partir de 1995 qu'ont été lancées les premières étapes du processus de décentralisation de l'enseignement moyen supérieur (deuxième cycle du secondaire) et de l'enseignement universitaire.

S'il est vrai qu'une plus grande indépendance budgétaire des états et la participation active des communes découlaient logiquement des principes sur lesquels était fondé l'ANMEB, il fallut attendre 1997 pour que les mécanismes de financement des dépenses du gouvernement fédéral s'adaptent aux exigences du processus de décentralisation. En modifiant l'exécution du programme de dépenses fédérales, les réformes apportées à la loi de coordination fiscale[2] ont permis de créer des fonds directement destinés aux états et aux communes.

C'est dans ce contexte que le congrès de l'Union[3] a ajouté, en application des dispositions de la loi qui venait d'être amendée, le chapitre général 33, intitulé « Contributions fédérales pour les entités fédérées et les communes » au Budget de dépenses de la fédération (PEF). C'est par le biais de ce fonds que sont transférées les ressources affectées aux états et aux communes pour le financement de l'enseignement de base et d'autres niveaux d'enseignement, des services de santé et des travaux publics ainsi que des services nécessaires au développement de

© OCDE 2002

l'infrastructure scolaire et sociale des états et des communes. A la différence des participations fédérales[4], les ressources qui sont transférées par le biais de ce fonds sont nommément affectées à l'offre des services susmentionnés et les responsabilités qui incombent à chaque niveau d'administration pour l'exécution des dépenses correspondantes, le contrôle de l'utilisation des fonds et la reddition de comptes sont clairement définis (au niveau du gouvernement fédéral, de l'État ou de la municipalité).

Dans ce système, les états et les communes disposent de ressources plus assurées et se voient attribuer de plus grandes responsabilités pour ce qui est de leur utilisation et de la surveillance à exercer à cet effet. Un indicateur majeur de la force acquise par le processus de décentralisation réside dans le fait qu'en 2000 70 % du budget fédéral de l'éducation était géré directement par les états et les municipalités.

Le Comité chargé de l'administration du Programme fédéral de construction d'écoles (CAPFCE)

Pendant plus de cinquante ans, le CAPFCE, qui est un organisme fédéral, a centralisé la quasi-totalité des travaux de construction, d'équipement, de rénovation et d'entretien de l'ensemble des établissements d'enseignement au niveau national. Les normes imposées par cet organisme avaient empêché d'apporter les adaptations voulues aux caractéristiques climatiques locales de sorte que les bâtiments scolaires étaient tous construits sur le même modèle (y compris la couleur) dans tout le pays. A la suite du processus de décentralisation, le CAPFCE a engagé à partir de 1995 un processus progressif de transformation dont l'étape principale est arrivée à son terme en 2000.

1. Décentralisation du CAPFCE

Les deux mesures fondamentales complémentaires des réformes budgétaires qui ont été menées à bien sont les suivantes :

- La signature de conventions ou d'accords en vertu desquels le CAPFCE transfère les ressources matérielles, humaines et financières dont l'organisme fédéral disposait dans chaque état.

- La création dans les états d'organismes chargés des travaux de construction des écoles.

Le CAPFCE a ainsi procédé au transfert des ressources affectées aux infrastructures scolaires, tandis que se développait progressivement l'activité de construction d'établissements pour les différents niveaux d'enseignement.

43

© OCDE 2002

2. Nouvelles fonctions du CAPFCE

Le CAPFCE est devenu aujourd'hui un organisme normatif de transfert de technologies, d'évaluation et de recherche. On peut recenser quatre fonctions principales que l'organisme assumera au terme de son processus de décentralisation :

- **Fonctions normatives** : depuis sa création, le CAPFCE a accumulé une expérience considérable, enrichie par des enquêtes fréquentes, en matière de définition de normes techniques de construction de bâtiments scolaires. L'un des grands avantages de la décentralisation, c'est qu'il est désormais possible de tenir compte des conditions propres à chaque région pour la conception des bâtiments et des matériaux.

- **Suivi et évaluation** : le CAPFCE aura pour mission de centraliser périodiquement les informations recueillies auprès des états sur les programmes de construction d'établissements scolaires, indépendamment de l'origine des fonds. Il devra aussi élaborer des indicateurs pour procéder à l'évaluation des investissements réalisés.

- **Activités complémentaires** : le CAPFCE devra se réserver la possibilité d'intervenir directement dans des situations d'urgence d'origine naturelle, sociale ou politique, survenant dans un ou plusieurs états.

- **Appui à la gestion décentralisée** : dans l'esprit de la décentralisation de l'éducation, le CAPFCE est principalement chargé de conseiller et de former à différentes tâches le personnel des organismes chargés de la construction d'établissements scolaires au niveau des états ainsi que le personnel des mairies : programmation et établissement des budgets des travaux, conception des projets architecturaux et structurels, et supervision technique. Le CAPFCE a pour mission essentielle de concevoir et mettre en œuvre une politique nationale destinée à encourager la participation de la collectivité sur plusieurs plans : les chefs de famille doivent être responsables de l'entretien des bâtiments scolaires, l'école doit être un espace communautaire sur lequel doit s'exercer un contrôle social (par la collectivité) et les entreprises doivent participer au financement des infrastructures de l'éducation.

Sources actuelles de financement des infrastructures de l'éducation

En fonction de leur origine, on peut actuellement distinguer plusieurs sources publiques et privées de financement de l'infrastructure scolaire.

1. Ressources publiques

Il est commode de classer ces sources en fonction du contrôle exercé par les différents niveaux d'administration, à savoir les fonds contrôlés à l'échelon

© OCDE 2002

fédéral, les fonds contrôlés par les états et les fonds placés sous le contrôle des communes.

Fonds contrôlés à l'échelon fédéral

Les ressources qui sont encore gérées à l'échelon central par la SEP[5] : elles sont destinées au renforcement de l'infrastructure de l'enseignement moyen supérieur (second cycle du secondaire) et de l'enseignement supérieur technique. Certains de ces établissements sont encore gérés à l'échelon central[6] et d'autres sont partiellement décentralisés[7]. Dans ces derniers, les états peuvent intervenir davantage dans la planification de leur développement.

Les ressources provenant de programmes de compensation : les programmes, PARE, PIARE, PAREB et PAREIB ont été lancés depuis 1991 dans le but d'aider les états les plus pauvres et souffrant d'un grand retard sur le plan de l'enseignement. Les budgets affectés à ces programmes comportent plusieurs volets dont certains sont destinés à financer les infrastructures de l'éducation de base dans les zones très défavorisées. Ces programmes prévoient aussi des mécanismes destinés à encourager la participation financière des états, des communes et de la collectivité.

Fonds contrôlés par les états[8]

Les ressources qui sont actuellement gérées par les états sont principalement destinées au financement de l'infrastructure de l'éducation de base et supérieure (universités publiques des états). Les ressources destinées à la construction et à l'équipement des établissements de ces niveaux proviennent essentiellement[9] du Fonds d'apports multiples (FAM).

Quant aux ressources destinées à l'entretien et au fonctionnement des infrastructures, elles proviennent principalement du Fonds des apports destinés à l'enseignement de base (FAEB). Le montant annuel des crédits attribués à ce fonds et les critères de répartition de ces crédits entre les états tiennent compte du nombre d'élèves, du personnel des écoles transférées aux états et des budgets autorisés l'année précédente.

Le Fonds des apports destinés à l'enseignement technologique et à l'enseignement des adultes (FAETA) constitue une autre source importante de ressources transférées pour financer l'infrastructure scolaire. Ce fonds est conçu exclusivement pour financer les services d'enseignement moyen supérieur (second cycle du secondaire) et d'enseignement supérieur technique ainsi que l'éducation des adultes dont les états sont devenus responsables depuis la signature de l'accord de décentralisation. Les ressources acheminées par ce canal ainsi que leur répartition entre les états, qui sont déterminées en fonction de critères analogues à

© OCDE 2002

ceux pris en compte pour le FAEB, doivent aussi servir à financer des dépenses d'entretien de l'infrastructure.

En l'an 2000, le PEF a décidé de la création, à titre spécial, d'un fonds baptisé Programme d'aide au renforcement des entités fédérées (PAFEF) destiné à aider les états au financement de travaux publics ou des infrastructures scolaires. Les fonds attribués au titre de ce programme sont répartis entre les différents états en fonction de leurs dépenses d'éducation par habitant : ainsi les états où ces dépenses sont supérieures à la moyenne nationale pourront affecter ces ressources au financement de travaux publics tandis que les états où ces dépenses sont inférieures à la moyenne nationale devront les affecter en priorité au financement de l'infrastructure scolaire. La finalité de ce fonds est de continuer à renforcer l'infrastructure scolaire du pays, en tenant compte de critères d'équité.

Il faut aussi mentionner les recettes procurées par le recouvrement de certaines taxes locales, dont l'imposition relève de la compétence des états, et qui peuvent être destinées notamment à renforcer l'infrastructure scolaire. Certains états ont mis en place des impôts locaux exclusivement destinés au financement des dépenses d'éducation (impôt sur les salaires).

Fonds placés sous le contrôle des communes[10]

Ces ressources sont transférées aux états par le biais du Fonds d'apports destinés au financement de l'infrastructure sociale (FAIS). Ce fonds, qui est alimenté par des ressources provenant des états (dans une moindre proportion) et par des ressources provenant des communes (FAISM), est destiné à financer en priorité l'infrastructure scolaire de base. Les autorités communales conservent une grande latitude pour décider de l'affectation de ces ressources au financement soit de dépenses d'infrastructure scolaire, soit d'autres dépenses d'infrastructure sociale. Le montant total des ressources acheminées par le FAISM, qui correspond à 2.29 % des recettes fédérales « partageables », est réparti entre les communes sur la base de leurs indicateurs de pauvreté. L'importance de ce fonds a augmenté en fonction des responsabilités confiées aux communes ainsi que de leurs ressources.

2. Sources privées

Les apports du secteur privé en faveur de l'infrastructure scolaire ont été en augmentant ces dernières années ; les formes de participation sont variées et dépendent dans une large mesure de la capacité de gestion des structures publiques et du développement économique des états.

Si l'on considère l'impact national de ces investissements, il faut mentionner la *Ford Motor Company*, qui mène à bien un programme couronné de succès de construction d'écoles ; à ce jour, cette société a construit et équipé 120 écoles

© OCDE 2002

primaires sur tout le territoire. Le programme prévoit aussi des activités d'entretien des bâtiments ainsi que de livraison de matériel didactique.

L'état de Nuevo León, qui est l'un des plus industrialisés du pays, a mis en place un programme baptisé COMPARTE (partage), qui comporte deux volets principaux : les écoles adoptées et les écoles soutenues. Les écoles adoptées sont subventionnées par une entreprise ou des entreprises de manière régulière, pour leur permettre de subvenir à leurs besoins en infrastructures, et principalement leurs dépenses d'entretien et d'équipement. De leur côté, les directeurs de ces écoles s'engagent à améliorer le niveau de leurs indicateurs d'éducation et à soumettre périodiquement des rapports aux entreprises qui les parrainent ; en contrepartie, les autorités de l'état délivrent aux entreprises concernées des reçus déductibles de l'impôt pour le montant des concours apportés.

Dans le cas des écoles soutenues, les aides ne sont pas régulières et peuvent revêtir différentes formes, depuis la livraison d'équipements de nettoyage jusqu'à l'installation de laboratoires d'anglais et d'informatique. Aujourd'hui, un grand nombre d'écoles urbaines et rurales bénéficient de ce type de soutien. On peut citer nombre d'autres exemples comme l'entreprise *Peñoles* dans l'état de Zacatecas et les entreprises « *maquiladoras* » et de services touristiques dans certains états du sud du pays, qui ont elles aussi adopté des écoles. Parmi les entreprises publiques, il faut citer tout d'abord *Petróleos Mexicanos* qui apporte un appui important en faveur du développement de l'infrastructure scolaire dans les états où est concentrée l'exploitation d'hydrocarbures.

Enfin, il faut aussi mentionner l'aide des chefs de famille qui revêt des formes extrêmement nombreuses, notamment la participation directe à des travaux d'entretien, des contributions financières volontaires ainsi que la livraison de biens et d'équipements.

Caractéristiques actuelles de la planification et de l'exécution des travaux d'infrastructure scolaire et de l'évaluation

1. Planification

S'agissant de la planification et de la programmation des ressources destinées à l'infrastructure scolaire, les différentes interventions varient selon le niveau d'enseignement considéré.

Dans l'enseignement de base, ce sont les services de planification des ministères de l'Éducation des états qui élaborent les programmes d'investissement dans les infrastructures scolaires. Les administrations des états sont chargées de distribuer les ressources provenant du FAM et des programmes de compensation en fonction d'un certain nombre de critères : développement naturel des écoles, ouverture de nouveaux établissements, besoins détectés par les conseils de

47

direction des écoles, les instituteurs, les chefs de famille et la collectivité en général. Les services de planification s'emploient aussi à encourager et à orienter la participation des chefs de famille, des communes et du secteur privé ; ils font enfin des propositions pour prélever des ressources supplémentaires au moyen de l'impôt.

La planification et la programmation des établissements décentralisés de l'enseignement moyen supérieur (second cycle du secondaire) et supérieur technique sont assurées par les services de planification des ministères de l'Éducation des états et les organismes décentralisés des états ; les propositions correspondantes sont soumises à l'autorisation de la SEP, au travers de conventions d'exécution. Dans le cas des établissements non décentralisés d'enseignement moyen supérieur, les tâches de planification et de programmation relèvent des établissements eux-mêmes et les projets sont directement soumis à l'autorisation de la SEP, de sorte que les autorités des états responsables de l'éducation n'interviennent guère.

Enfin, dans l'enseignement supérieur, les universités publiques étant autonomes, ce sont leurs propres services de planification qui sont chargés de présenter les projets d'expansion de l'infrastructure scolaire, qui doivent être validés par les commissions spéciales de planification de l'enseignement supérieur (COEPES) et transmises à la SEP pour autorisation.

2. *Exécution*

S'agissant de l'exécution des travaux d'infrastructure scolaire, on peut distinguer les différents acteurs en fonction des sources de financement.

- **Les organismes décentralisés de construction d'écoles qui ont remplacé les directions de zones du CAPFCE :** ils sont principalement chargés d'exécuter les travaux d'infrastructure scolaire approuvés, et financés sur des fonds du FAM dans le cadre de conventions passées avec la SEP concernant l'infrastructure scolaire de l'enseignement moyen supérieur (second cycle du secondaire) décentralisé.

- **Les ministères de l'Éducation des états :** ils exécutent directement les travaux financés par les ressources du FAEB (travaux d'entretien) et coordonnent les investissements et l'exécution des travaux financés par les chefs de famille.

- **Les unités de coordination des programmes de compensation des états :** elles sont chargées de l'exécution des travaux approuvés et financés à l'aide des ressources des programmes suivants : PARE, PAREB, PIARE et PAREIB, par le biais des chefs de famille ou des communes.

- **Les communes** : elles exécutent les actions découlant des programmes de travaux approuvés avec les autorités locales et financés par le biais du FAISM.

- **Les universités publiques d'État** : elles bénéficient d'une autonomie pour l'exécution de leurs propres travaux.

- **Les entreprises publiques ou privées** : le mode d'exécution peut varier en fonction des accords passés avec les autorités des états.

3. *Évaluation*

Les budgets destinés à l'infrastructure scolaire prévoient l'affectation d'un certain pourcentage de dépenses dites indirectes au suivi de l'exécution des travaux, depuis le stade de la présentation des dossiers techniques jusqu'à l'étape finale de livraison des travaux. Ces dépenses indirectes sont gérées par l'organisme de tutelle ou l'organisme chargé de l'exécution des travaux.

Dans le cas des travaux exécutés par les organismes de travaux publics des états, par les communes et par les entreprises, ce sont les ministères de l'Éducation des états qui sont chargés de la réception des travaux aux côtés des directeurs des établissements d'enseignement et qui vérifient la bonne exécution des cahiers des charges.

Observations finales

Il est important de faire ressortir deux facteurs qui découlent de la décentralisation des ressources destinées à l'infrastructure scolaire :

1. Les états gèrent désormais plus de la moitié des ressources destinées à l'infrastructure scolaire, sans tenir compte de la participation des communes.

2. Le degré d'autonomie de gestion des ressources varie en fonction du niveau d'administration considéré. Les fonds fédéraux sont exclusivement affectés aux établissements mentionnés dans les plans l'année précédente tandis que ceux des états peuvent être affectés avec plus de souplesse, en ce sens qu'ils peuvent être réaffectés en faveur de priorités nouvelles du moment qu'il s'agit de l'enseignement de base. S'agissant des fonds des communes, la marge de manœuvre est encore plus grande. Ils peuvent être destinés à toute action ayant une finalité sociale quelle qu'elle soit : adduction d'eau potable, drainage, logements, infrastructure sociale, etc., de sorte que les autorités chargées de l'éducation au niveau des états doivent faire preuve d'une plus grande habilité pour convaincre les mairies d'affecter un pourcentage significatif des fonds du FAISM à l'infrastructure scolaire. Cela donne lieu à la signature de conventions

© OCDE 2002

avec des administrations municipales en fonction des besoins recensés par ces autorités.

Par ailleurs, les ministères de l'Éducation des états s'accordent à reconnaître que la décentralisation des fonds destinés à l'infrastructure scolaire[11] présente les avantages suivants :

- **Au niveau de la planification** : la décentralisation favorise la formation de politiques et de mécanismes destinés à encourager la participation des mairies, des chefs de famille et de la collectivité à la planification des établissements scolaires en fonction des besoins.

- **Au niveau de la programmation :** les autorités chargées de l'éducation au niveau des états conservent la faculté de décider quels sont les travaux à réaliser, quand et ou, en tenant compte des priorités locales, des besoins de la collectivité, des restrictions budgétaires et des variables suivantes : croissance démographique (naturelle et migratoire), âge relatif de la population et indicateurs de progression scolaire. Cela a permis de faciliter le transfert de ressources, de faire coïncider les objectifs de construction avec les objectifs de croissance dans les programmes de développement éducatif des états et aussi de dégager des économies sur la réalisation de nouveaux travaux, économies qui ont pu être affectées à la réalisation d'autres travaux.

- **Au niveau du financement :** celui-ci est devenu beaucoup plus diversifié et les sources de fonds destinés à l'infrastructure scolaire plus nombreuses. Les fonds décentralisés sont transférés avec certitude, ce qui permet aux états de procéder dans les formes et dans les délais voulus aux procédures d'appel d'offres, d'adjudication et de signature des contrats. Par ailleurs, la gestion locale des ressources (matériaux et main-d'œuvre locale) a permis de réaliser un plus grand nombre de travaux avec un même budget, en recourant à des formules de participation sociale. Plusieurs états ont réussi à multiplier les ressources destinées à l'infrastructure scolaire, grâce à la mise au point de formules intéressantes de collaboration avec les chefs de famille et les entreprises.

- **Au niveau de la conception et de la réalisation des travaux :** la décentralisation a permis d'améliorer l'architecture des bâtiments scolaires en les adaptant aux particularités régionales (climat, type de sol, répartition de la population, etc.).

- **Au niveau de la supervision :** les états partagent avec le CAPFCE la responsabilité du suivi et de l'évaluation des travaux, cet organisme étant pour sa part chargé d'une tâche importante, qui est d'élaborer des indicateurs adaptés à l'évaluation des investissements dans les infrastructures scolaires.

© OCDE 2002

Notes

1. La république du Mexique est constituée de 31 états ou entités fédérées et d'un district fédéral (niveau infranational) et chaque état est divisé en communes (au niveau local).

2. Au Mexique la loi de coordination fiscale (*Ley de Coordinación Fiscal*) est l'instrument juridique qui étaie le pacte fédéral et réglemente notamment l'affectation des ressources provenant des impôts et des droits prélevés sur les industries extractives. Ces ressources alimentent le fonds général de participation (*Fondo General de Participaciones*), c'est-à-dire les recettes fédérales « partageables ».

3. Instance législative suprême du pays.

4. Les participations fédérales sont des crédits budgétaires attribués aux états, sur la base des critères de population et d'imposition, sans obligation d'affectation décidée par la fédération. C'est aux organes législatifs locaux qu'il incombe de décider de l'affectation de ces ressources au financement de dépenses publiques des états.

5. Ces ressources correspondent au chapitre XI du Budget des dépenses de la fédération.

6. Les établissements gérés à l'échelon central sont les suivants : les CBTIS, CBTAS, CETMAR, CECATIS et quelques instituts technologiques. Se référer à *Profile of Education in Mexico*, 1999, SEP, pp. 63-75.

7. Les établissements décentralisés sont les « *Colegios de Bachilleres* » (COBACH) (lycées), les instituts de formation professionnelle (ICAT), les collèges scientifiques et technologiques (CECyTE) et les instituts technologiques décentralisés. Voir id.

8. Ces fonds proviennent du chapitre général 33 du PEF qui, comme on l'a indiqué ci-dessus, correspond au financement des dépenses entièrement décentralisées.

9. Pratiquement 50 % de l'ensemble de l'infrastructure de l'éducation édifiée à l'aide de fonds publics.

10. Ces fonds proviennent aussi du chapitre général 33 du PEF.

11. Ces opinions ont été recueillies dans le cadre d'un vaste questionnaire réalisé aux fins de la troisième évaluation de l'ANMEB. Ces opinions concordent dans plusieurs états du pays.

© OCDE 2002

Références

DIARIO OFICIAL DE LA FEDERACIÓN (1997),
« Decreto del Presupuesto de Egresos de la Federación » (Budget des dépenses de la fédération, Décret), 1997-9, Mexico.

DIARIO OFICIAL DE LA FEDERACIÓN (1998),
« Ley de Coordinación Fiscal »(Loi de coordination fiscale), 31 décembre 1998, Mexico.

SECRETARIA DE EDUCACIÓN PÚBLICA (SEP) (1998),
« Análisis del Presupuesto de Egresos de la Federación » (Analyse du budget des dépenses de la fédération), 1998-9, Mexico.

SECRETARIA DE EDUCACIÓN PÚBLICA (SEP) (1999),
« Profile of Education in Mexico », Mexico.

SECRETARIA DE HACIENDA Y CRÉDITO PÚBLICO (SHCP) (1997),
« Exposición de Motivos del Proyecto de Presupuesto de Egresos de la Federación » (Exposé des motifs du projet de budget de dépenses de la fédération), 1997-9, Mexico.

SECRETARIAS DE EDUCACIÓN EN LOS ESTADOS (1999),
« Documento del Análisis de la 3ª Evaluación del ANMEB » (Analyse de la 3e évaluation de l'ANMEB), Mexico.

CAPFCE,
Plusieurs articles sur cet organisme à l'adresse : *www.capfce.gob.mx*

© OCDE 2002

Éducation préscolaire et enseignement primaire et secondaire au Québec

par

Réjean CARRIER

Directeur général du financement et des équipements, ministère de l'Éducation,
Québec

Introduction

Créé en 1964, le ministère de l'Éducation du Québec a la responsabilité « de promouvoir l'éducation ; de contribuer, par la promotion, le développement et le soutien de ses domaines, à l'élévation du niveau scientifique, culturel et professionnel de la population québécoise et des personnes qui la composent ; de favoriser l'accès aux formes les plus élevées du savoir et de la culture à toute personne qui en a la volonté et l'aptitude ; de contribuer à l'harmonisation des orientations et des activités avec l'ensemble des politiques gouvernementales et avec les besoins économiques, sociaux et culturels ».

L'éducation au Québec est dispensée dans trois grands réseaux d'enseignement :

- L'éducation préscolaire et l'enseignement primaire et secondaire.
- L'enseignement collégial.
- L'enseignement et la recherche universitaires.

L'éducation préscolaire et l'enseignement primaire et secondaire regroupent l'enseignement public et l'enseignement privé. En 1998-99, 72 commissions scolaires dispensaient l'enseignement dans 2 781 écoles, dont 275 établissements privés.

L'enseignement collégial, en 1998-99, était dispensé dans 47 collèges d'enseignement général et professionnel, onze écoles gouvernementales, 75 établissements privés, dont 25 agréés aux fins de subventions, et deux établissements privés sous entente internationale.

L'enseignement et la recherche universitaires sont dispensés dans sept universités et leurs constituantes, une école polytechnique et une école des hautes études commerciales.

© OCDE 2002

L'organisation et le fonctionnement de l'éducation préscolaire et de l'enseignement primaire et secondaire publics québécois

1. La description du réseau

Les commissions scolaires, personnes morales de droit public, sont des institutions locales décentralisées dirigées par des commissaires élus au suffrage universel. Elles disposent d'un pouvoir de taxation propre et œuvrent dans la langue et sur le territoire de leur juridiction. Depuis le 1er juillet 1998, on dénombre 72 commissions scolaires, soit 60 commissions scolaires reconnues comme francophones, 9 reconnues comme anglophones et 3 ayant un statut particulier (2 de ces commissions scolaires dispensent l'enseignement aux autochtones).

Toutes les commissions scolaires linguistiques assurent à la fois l'éducation préscolaire, l'enseignement primaire et l'enseignement secondaire en formation générale des jeunes et des adultes. La quasi-totalité offre aussi la formation professionnelle.

En 1998-99, les commissions scolaires géraient 2 781 écoles publiques. De ce nombre, 1 868 établissements dispensaient uniquement l'enseignement primaire, 691 assuraient uniquement l'enseignement secondaire (formation générale et professionnelle), alors que 222 établissements offraient à la fois l'enseignement primaire et l'enseignement secondaire. Sur le plan de la langue d'enseignement, la situation des 2 781 écoles publiques était la suivante : dans 2 378 écoles, l'enseignement était en français ; il avait lieu en anglais dans 347 écoles ; il était enfin assuré dans plus d'une langue dans 56 écoles.

2. La clientèle visée

La petite enfance

Ces services permettent aux enfants de moins de 5 ans de bénéficier d'un encadrement qui favorise leur développement, de se familiariser progressivement avec un environnement d'apprentissage stimulant et d'acquérir des capacités qui les placeront en situation de réussite à l'école. La qualité des services offerts par l'école, un centre de la petite enfance ou une garderie, est assurée en fonction d'une programmation visant à stimuler l'enfant, à assurer le suivi de l'apprentissage, à favoriser la participation des parents et l'assiduité de la fréquentation de ces services éducatifs par l'enfant.

La clientèle de l'école

La loi sur l'instruction publique précise que toute personne a droit aux services de formation et d'éveil à l'éducation préscolaire et aux services d'enseignement

© OCDE 2002

primaire et secondaire prévus par la loi et par les régimes pédagogiques qui en découlent, à compter du premier jour du calendrier de l'année scolaire où elle atteint l'âge de 5 ans avant le 1er octobre, jusqu'au dernier jour de l'année scolaire où elle a atteint l'âge de 18 ans ou de 21 ans, dans le cas d'une personne handicapée. Tout résident au Québec a droit à la gratuité des services éducatifs. La loi précise aussi que toute personne qui n'est plus assujettie à l'obligation scolaire a droit aux services éducatifs prévus par le régime pédagogique applicable aux adultes.

La fréquentation obligatoire

La fréquentation scolaire est obligatoire pour tous les enfants depuis le début de l'année scolaire où ils ont atteint l'âge de six ans jusqu'à la fin de l'année scolaire où ils ont atteint l'âge de 16 ans. La demande d'inscription des élèves à l'école est obligatoire et se fait chaque année. Elle a lieu habituellement en février selon les modalités définies par la commission scolaire. L'année scolaire débute à la fin du mois d'août ou au début du mois de septembre et se termine habituellement avant le 24 juin.

3. Les services éducatifs

Les services éducatifs offerts aux élèves des niveaux préscolaire, primaire et secondaire comprennent des services d'enseignement, des services complémentaires et des services particuliers. Ces services sont définis dans les régimes pédagogiques adoptés par le gouvernement. D'autres mesures assurent le soutien aux élèves qui ont des besoins particuliers. Les régimes actuels sont appelés à être modifiés à la suite de l'implantation de l'énoncé politique « L'école, tout un programme ».

Les services d'enseignement

• L'éducation préscolaire

L'éducation préscolaire correspond à la période d'activités de formation et d'éveil qui précède celle de la fréquentation scolaire obligatoire. Les parents sont libres d'inscrire leurs enfants à la maternelle, mais les commissions scolaires sont obligées d'assurer ce service à tous les enfants de cinq ans (révolus avant le 1er octobre de l'année en cours) domiciliés sur leur territoire.

D'une durée d'un an, la maternelle facilite le passage du foyer à l'école, fait acquérir des habitudes de sociabilité et des habiletés intellectuelles tout en préparant l'entrée en classe primaire. Le calendrier scolaire préscolaire comprend un minimum de 180 jours de classe.

© OCDE 2002

• L'enseignement primaire

L'enfant doit avoir six ans révolus avant le 1ᵉʳ octobre de l'année scolaire en cours pour être admis dans l'enseignement primaire, qui a pour but de l'initier aux matières de base de la formation générale et de préparer son entrée dans le secondaire. La durée normale du cycle primaire est de six années réparties en deux cycles égaux de trois ans.

Le calendrier scolaire annuel primaire prévoit un minimum de 180 jours de classe. La semaine ordinaire est de cinq jours complets et comporte 23.5 heures d'activités consacrées aux services éducatifs. L'élève achève normalement les programmes d'études primaires en six ans et passe ensuite à l'école secondaire. Toutefois, l'élève doit obligatoirement parvenir au secondaire après avoir passé sept ans en primaire.

• L'enseignement secondaire

L'élève âgé de 13 ans doit normalement accéder à l'école secondaire qui assure d'abord une formation générale de base en permettant à chacun de découvrir ses talents et ses préférences. Le premier cycle du secondaire, qui couvre les trois premières années, est résolument centré sur cette formation générale de base. Le second cycle permet à l'élève de poursuivre, en deux ans, sa formation générale tout en lui fournissant l'occasion d'explorer, par un système de cours à options, divers chemins avant d'accéder aux études collégiales ou d'acquérir une formation professionnelle conduisant à l'exercice d'un métier. L'élève inscrit en formation générale obtient son diplôme d'études secondaires (DES) après avoir satisfait aux exigences fixées par le régime pédagogique.

Le calendrier scolaire annuel est d'au moins 180 jours de classe ; la semaine ordinaire est de cinq jours et doit comporter un minimum de 25 heures consacrées aux activités éducatives.

Les services complémentaires

Les services complémentaires ont pour but de favoriser la progression continue des élèves à l'école en assurant un soutien aux divers services offerts, en contribuant au développement de l'autonomie des élèves, de leur sens des responsabilités, de leur sentiment d'appartenance à l'école, de leur initiative et de leur créativité, en concourant à la solution des problèmes qu'ils sont appelés à surmonter et en assurant leur sécurité morale et physique.

Pour atteindre ces objectifs, les services complémentaires prennent des formes très variées. Il y a d'abord des services spécialisés d'aide et de soutien, comme l'orientation scolaire et professionnelle, la psychologie, des services d'orthophonie, de psycho-éducation et d'éducation spécialisée. Des services

© OCDE 2002

sociaux et de santé sont également offerts aux élèves. D'autres éléments proposés à l'intérieur des services complémentaires sont davantage reliés à la vie générale de l'école, tels les services d'encadrement et de surveillance des élèves, de même que les services d'animation des activités sportives, culturelles et sociales.

Les services particuliers

Certains élèves doivent bénéficier d'une attention spéciale, prenant la forme de services particuliers qui leur permettront de développer au maximum toutes leurs capacités. Les services particuliers ont ainsi pour but de permettre aux élèves de profiter pleinement des autres services éducatifs en favorisant l'acquisition de connaissances et de compétences nécessaires à leur intégration aux activités éducatives, en leur assurant un soutien aux apprentissages en langues et en mathématiques et en adaptant l'enseignement ou le cadre d'organisation des services d'enseignement. Ces services sont les suivants :

- Les services aux élèves éprouvant des difficultés.
- Les services aux nouveaux arrivants.
- Les services d'enseignement à domicile ou en milieu hospitalier.
- Les services aux élèves provenant de milieux défavorisés.
- Les services aux élèves des communautés autochtones.

4. L'effectif scolaire

En 1998-99, les écoles publiques dispensaient des services à 1 036 753 jeunes répartis comme suit parmi les niveaux d'enseignement :

Éducation préscolaire		103 113
Enseignement primaire		538 394
Enseignement secondaire		395 246
Formation générale	386 380	
Formation professionnelle	8 866	
		1 036 753

D'autre part, en 1997-98, dernière année pour laquelle des données sont disponibles, on dénombrait 215 817 adultes dont 136 470 en formation générale et 79 347 en formation professionnelle.

5. Le personnel des commissions scolaires

En 1997-98, dernière année pour laquelle des données complètes sont disponibles, on dénombrait 159 810 personnes qui travaillaient auprès des jeunes et

© OCDE 2002

des adultes, à la formation générale et à la formation professionnelle, dans le réseau des commissions scolaires, et ce, à l'exclusion du personnel des commissions scolaires à statut particulier. Ce personnel se répartissait comme suit :

Personnel enseignant	93 366
Personnel d'encadrement	6 129
Personnel professionnel	5 896
Personnel de soutien	54 419
	159 810

6. Les ressources financières

Pour l'année scolaire 1998-99, les dépenses de fonctionnement des commissions scolaires se sont élevées à 6 767.4 millions de dollars canadiens (M CAD). Les subventions gouvernementales étaient de 5 217.3 M CAD, soit 77.1 % du financement total, alors que l'impôt foncier scolaire représentait 14.6 %, les autres sources de financement s'élevant à 8.3 %.

Financement des dépenses de fonctionnement des équipements

1. Les composantes des dépenses

Les dépenses en équipements, au chapitre du fonctionnement, concernent les activités mentionnées ci-après. Au cours des cinq dernières années, les ressources investies étaient les suivantes :

	1994-1995	1995-1996	1996-1997	1997-1998	1998-1999
	En M (millions) CAD				
Entretien des biens meubles	9.0	9.0	9.1	7.9	8.9
Conservation des immeubles	131.5	123.1	119.9	121.7	118.3
Entretien ménager	205.7	203.3	198.0	196.0	197.6
Consommation énergétique	143.9	144.6	143.7	141.9	144.0
Location d'immeubles	14.6	14.7	14.7	15.8	12.3
Protection et sécurité	10.1	10.2	9.1	9.0	8.9
	514.8	**504.9**	**494.5**	**492.3**	**490.0**
Superficie en millions de m²	**14.9**	**15.0**	**15.0**	**15.2**	**15.3**

De plus, comme outil de gestion pour les commissions scolaires, afin de leur permettre de se comparer entre elles, le ministère publie annuellement, à partir des données des rapports financiers qu'elles déposent, les coûts unitaires

© OCDE 2002

suivants, par commission scolaire et suivant divers regroupements (taille, région administrative, etc.) :

- Montant par élève et montant par mètre carré pour : la conservation des immeubles, l'entretien ménager et la consommation énergétique.
- Montant par élève pour : l'entretien des biens meubles, la location d'immeubles, la protection et la sécurité.

Sur le plan provincial et au cours des cinq dernières années, les coûts unitaires étaient les suivants :

	1994-1995	1995-1996	1996-1997	1997-1998	1998-1999
	Montant par élève en CAD				
Entretien des biens meubles	8	8	8	7	8
Conservation des immeubles	117	109	106	108	106
Entretien ménager	183	180	175	174	177
Consommation énergétique	128	128	127	126	129
Location d'immeubles	13	13	13	14	11
Protection et sécurité	9	9	8	8	8
	458	**447**	**437**	**437**	**439**
	1994-1995	1995-1996	1996-1997	1997-1998	1998-1999
	Montant par m² en CAD				
Conservation des immeubles	8,80	8.21	7.94	8.02	7.72
Entretien ménager	13.76	13.53	13.15	12.93	12.90
Consommation énergétique	9.64	9.60	9.58	9.37	9.47

Ces données permettent de constater, notamment, que la dépense d'équipements par élève est relativement stable au cours des ans, et que les programmes mis en place par le ministère au chapitre de la consommation énergétique ont permis d'économiser plus de 8 M CAD sur cinq ans.

2. Le financement des dépenses

Les dépenses de fonctionnement des équipements sont financées de deux façons : par les revenus autonomes et par les subventions de fonctionnement du ministère de l'Éducation.

Les revenus autonomes

Les revenus autonomes d'une commission scolaire sont composés de la taxe scolaire perçue et de la subvention de péréquation versée par le ministère, le cas échéant.

© OCDE 2002

La loi sur l'instruction publique détermine la méthode de calcul du produit maximal de la taxe :

Montant de base (150 000 CAD) + {montant par élève (500 CAD) × clientèle pondérée}

Pour chaque année scolaire, un règlement du gouvernement vient déterminer :

- Le taux d'indexation de ces montants.
- La clientèle de référence.
- La pondération des clientèles.

En 1999-2000, le montant de base par commission scolaire était de 177 508 CAD, soit le montant de base prévu dans la loi en 1990-91 indexé jusqu'en 1999-2000, et le montant par élève était de 591.71 CAD. Quant à la partie de la pondération identifiable aux dépenses de fonctionnement des équipements, elle est la suivante, par catégorie d'effectifs scolaires :

Préscolaire 4 ans (144 demi-journées au plus)	0.75
Préscolaire 5 ans	
Régulier	1.25
Accueil et francisation	1.25
Primaire	
Régulier	1.00
Accueil et francisation	1.40
Secondaire – formation générale (jeunes)	
Régulier	1.45
Accueil et francisation	1.80
Secondaire – formation professionnelle	
(jeunes et adultes)	2.00
Secondaire – formation générale (adultes)	
Enveloppe ouverte 16-18 ans	1.45
Enveloppe fermée	0.75
Handicapés (jeunes)	3.50

Le taux de la taxe qu'une commission scolaire peut imposer est déterminé ainsi :

- $\dfrac{\text{Produit maximal de la taxe}}{\text{Évaluation foncière imposable}}$
- Limite : 0.35 CAD pour 100 CAD d'évaluation.

Dans les cas où les commissions scolaires sont incapables d'atteindre le produit maximal de la taxe avec leurs revenus de taxe, cette déficience fiscale est comblée par la subvention de péréquation du ministère qui est déterminée ainsi :

Produit maximal de la taxe – {évaluation imposable × 0.35 CAD pour 100 CAD d'évaluation}

© OCDE 2002

Depuis 1990-91, divers transferts de responsabilités ont été effectués dans les revenus autonomes des commissions scolaires :

- 1990-91 : Financement des dépenses de fonctionnement des équipements (312.3 M CAD), c'est-à-dire l'entretien et la réparation des équipements, l'entretien ménager, la consommation énergétique et la protection et la sécurité.
- 1996-97 : Financement des dépenses administratives reliées aux sièges sociaux des commissions scolaires (165.1 M CAD).
- 1997-98 : Financement de la direction pédagogique (directrices et directeurs d'école et de centre, et leur soutien administratif) des écoles et des centres (357.1 M CAD).

Pour 1999-2000, la prévision totale de revenus autonomes que pouvaient obtenir les commissions scolaires était de 1 386.4 M CAD, soit 978.8 M CAD en taxe scolaire et 407.6 M CAD en subvention de péréquation.

Les subventions de fonctionnement du ministère de l'Éducation

La méthode d'allocation des ressources aux commissions scolaires par le ministère, pour les dépenses éducatives, repose essentiellement sur des montants par élève. Aux fins d'harmonisation avec cette méthodologie, le financement des dépenses de fonctionnement des équipements est également basé sur des montants par élève, plutôt que sur des normes de superficie. Les allocations du ministère sont établies à partir des effectifs scolaires de l'année précédente et des montants par élève, propres à chaque commission scolaire, pour l'éloignement et la dispersion et le maintien des écoles.

L'éloignement et la dispersion visent à considérer l'impact sur les dépenses des distances entre le centre administratif de la commission scolaire et les régions de Québec ou de Montréal, des distances entre le centre administratif et les écoles et des distances entre les écoles. Le maintien des écoles vise à considérer l'écart entre les superficies des bâtiments servant aux fins d'enseignement et d'administration, quel que soit leur taux d'occupation, et celles normalisées suivant une norme de 9.5 m^2 par élève pondérée, lesquelles sont financées par la taxe scolaire, cet écart étant considéré égal à 50 % s'il représente 10 % ou moins de la superficie retenue et à 90 % dans le cas contraire. En 1999-2000, le montant par élève pour l'éloignement et la dispersion pouvait atteindre un maximum de 151.12 CAD par élève. Quant au montant pour le maintien des écoles, il peut atteindre 171.12 CAD par élève.

Il est à souligner que le montant par élève pour le maintien des écoles vise principalement à aider les commissions scolaires, en milieu rural, qui subissent des baisses importantes de leurs effectifs scolaires et qui se retrouvent avec des bâtiments partiellement occupés. En 1999-2000, les allocations du ministère pour les équipements étaient de 30.3 M CAD, soit 23.5 M CAD pour le maintien des écoles et 6.8 M CAD pour l'éloignement et la dispersion.

61

© OCDE 2002

3. La responsabilité de la commission scolaire

Sous réserve de la prestation des services, les ressources allouées aux fins du financement des dépenses de fonctionnement des équipements peuvent, au gré de la commission scolaire, être transférées à d'autres fins.

La commission scolaire peut elle-même gérer ses ressources relatives aux dépenses de fonctionnement des équipements ou en décentraliser le budget à ses écoles et à ses centres de formation professionnelle et d'éducation des adultes.

Financement des dépenses en investissements

1. Les composantes des dépenses

Les dépenses en investissements sont des dépenses de nature capitale qui concernent l'acquisition de mobilier, d'appareillage et d'outillage, la rénovation et la transformation des bâtiments et l'ajout d'espace.

Les investissements du ministère dans les commissions scolaires se sont établis à 365 100 000 CAD pour l'année scolaire 1998-99. Plus spécifiquement, en ce qui a trait aux ajouts d'espace, des investissements de plus de 750 M CAD ont été consentis au cours des cinq dernières années :

	1994-1995	1995-1996	1996-1997	1997-1998	1998-1999	Total
	En M CAD					
Projets en formation générale	39.4	104.0	30.3	112.0	39.4	**325.1**
Projets en formation professionnelle	42.0	84.8	35.0	71.0	50.0	**282.8**
Restauration des écoles de l'île de Montréal	–	–	–	25.0	10.8	**35.8**
Maternelles	–	–	110.2	–	–	**110.2**
	81.4	**188.8**	**175.5**	**208.0**	**100.2**	**753.9**

A titre indicatif et aux fins de comparaison, il peut être significatif d'examiner plus particulièrement la partie des dépenses consacrées à la rénovation et à la transformation des équipements. Ainsi, au cours des cinq dernières années, ces dépenses totales et par mètre carré étaient les suivantes :

	Dépenses totales	Dépenses par mètre carré
1994-1995	105.3 M CAD	7.05 CAD
1995-1996	110.3 M CAD	7.35 CAD
1996-1997	114.4 M CAD	7.60 CAD
1997-1998	134.7 M CAD	8.89 CAD
1998-1999	121.5 M CAD	7.95 CAD

© OCDE 2002

2. Le financement des dépenses

Les dépenses en investissements des commissions scolaires font majoritairement l'objet d'allocations du ministère qui sont financées par des emprunts à long terme dont le service de la dette est subventionné.

En 1998-99, les dépenses en investissements effectuées par les commissions scolaires étaient couvertes par des allocations du ministère à 85.7 %, par un financement des commissions scolaires à 11 % et par d'autres sources de revenus à 3 %.

Les allocations du ministère de l'Éducation

Les allocations consenties aux commissions scolaires peuvent être de trois ordres : l'allocation de base, les allocations supplémentaires, les allocations spécifiques.

1. **L'allocation de base** vise à couvrir les besoins des commissions scolaires en mobilier, appareillage et outillage et en travaux de rénovation et de transformation. Elle est établie *a priori*, à partir des effectifs scolaires de l'année précédente et suivant un montant de base (45 175 CAD) et un montant par élève propre à chaque catégorie d'effectifs scolaires. En 1999-2000, ces montants étaient les suivants :

	Mobilier, appareillage et outillage	Amélioration et transformation
Maternelle et primaire	23.47 CAD	67.91 CAD
Secondaire général	45.15 CAD	107.32 CAD
Secondaire professionnel	Par programme	107.32 CAD
Formation générale des adultes	20.32 CAD	40.64 CAD
Services de garde	20.32 CAD	–

Le montant par élève pour la rénovation et la transformation est établi à partir d'une norme de 9.5 m² par élève pour les écoles maternelles et primaires et de 14.2 m² par élève pour le secondaire.

Selon une pratique reconnue au Québec, on considère que le remplacement annuel au titre de la rénovation et de la transformation des bâtiments devrait être de 1 % du coût de remplacement des bâtiments, à raison de 1 000 CAD le mètre carré. Pour le réseau de l'éducation préscolaire et de l'enseignement primaire et secondaire, un investissement annuel d'environ 150 M CAD devrait être effectué. Les ressources actuellement allouées représentent environ 66 % de cette somme. Quant aux réseaux collégial et universitaire, ils respectent cette norme.

2. **Les allocations supplémentaires** visent à :

   – Tenir compte de besoins particuliers relatifs à certains élèves handicapés (ex. : appareils auditifs).

63

© OCDE 2002

– Aider les commissions scolaires pour la mise sur pied d'un service de garde.

– Couvrir les dépenses de mobilier, appareillage et outillage et de rénovation et de transformation pour les commissions scolaires disposant de résidences pour élèves.

Pour les deux premières mesures, les commissions scolaires doivent déposer une demande, alors que pour la troisième, une allocation par élève est établie *a priori*.

3. **Les allocations spécifiques** sont accordées à des fins particulières ; elles sont limitées par les ressources prédéterminées dont le ministère dispose ; l'allocation est déterminée de façon définitive après l'analyse du rapport financier ; elles ne peuvent excéder la dépense effective. Les principales d'entre elles sont les suivantes :

– L'ajout d'espace pour la formation générale.

– L'ajout ou le réaménagement d'espace pour la formation professionnelle.

– Les vices de construction et les litiges.

– Les projets à frais partagés (projets financés en partie par le ministère et en partie par la commission scolaire à même son allocation de base, tels les toitures, les systèmes mécaniques).

– Les autobus scolaires (l'achat).

– Le régime d'indemnisation (régime d'auto-assurance ; franchise de 15 000 CAD par sinistre).

– Les matériaux présentant un risque pour la santé (franchise minimale de 15 000 CAD par projet, ex. : amiante).

– L'équipement de formation professionnelle pour les jeunes et les adultes (participation de la commission scolaire pour le tiers des coûts).

– L'acquisition d'équipement informatique pour la formation générale.

Pour chacune des mesures précitées, l'allocation fait suite à une demande déposée par la commission scolaire.

Le financement de la commission scolaire

La commission scolaire a le loisir d'utiliser son surplus cumulé, s'il en est, et ses revenus de fonctionnement provenant principalement des subventions gouvernementales et de la taxe scolaire, aux fins du financement des dépenses en investissements non couvertes par une allocation ministérielle. De même, elle peut utiliser le produit de l'aliénation d'un actif mobilier ou immobilier pour le financement de dépenses en investissements, sujet aux autorisations ministérielles requises, le cas échéant.

© OCDE 2002

Les autres sources de revenus

Les principales autres sources de financement des dépenses en investisse-ments sont notamment la contribution des municipalités aux projets communau-taires, c'est-à-dire des projets pour lesquels la municipalité participe à raison d'au moins 40 % des coûts, la contribution obligatoire des municipalités pour finan-cer le coût des terrains requis pour l'ajout d'espace en formation générale et la contribution des entreprises au financement de biens en formation profes-sionnelle.

3. *Le processus de suivi des projets d'ajout d'espace*

Les principales étapes de la réalisation d'un projet d'ajout d'espace par la commission scolaire, une fois qu'il a été autorisé par le ministre, sont les suivantes :

- Réception de la lettre d'autorisation du ministre précisant l'allocation réservée au projet.
- Contrats de services pour l'élaboration des plans et devis.
- Demande d'avis au ministère, au besoin, sur les plans et devis.
- Appel d'offres et ouverture des soumissions.
- Réception de la lettre du ministre confirmant l'allocation définitive pour le projet.
- Contrat de construction (construction : 8 à 12 mois au niveau primaire, et 12 à 16 mois au niveau secondaire).
- Réception de l'ouvrage.

Il est à noter que dans la réalisation des projets, la commission scolaire est tenue de respecter le règlement sur les contrats de construction des immeubles des commissions scolaires, de même que l'instruction ministérielle sur les servi-ces professionnels lorsqu'elle reçoit une subvention du ministère.

Les projets d'ajout d'espace conformes pour les ajouts de places-élèves sont ceux qui répondent aux exigences suivantes :

- Besoin justifié par l'écart entre la croissance des effectifs scolaires pour les cinq années suivantes au niveau primaire et les dix années suivantes au niveau secondaire et la capacité d'accueil des écoles.
- Dans le primaire, la capacité d'accueil des écoles dans un rayon de 20 kilomètres est prise en compte ; le besoin doit correspondre à un mini-mum de 125 élèves.

Pour les projets communautaires, le milieu (commission scolaire, municipa-lité, autres) doit financer un minimum de 40 % du coût du projet.

© OCDE 2002

Le ministère ne finance pas le coût d'acquisition du terrain, lequel doit être fourni par la municipalité.

4. La gestion des emprunts à long terme

La gestion des emprunts à long terme a pour objet d'autoriser les commissions scolaires à contracter des emprunts à long terme pour financer des dépenses en investissements qui ont fait l'objet d'une allocation en vertu des règles budgétaires annuelles ainsi que les échéances de capital en attente de refinancement.

Le paiement en principal et intérêts de ces emprunts fait l'objet d'une promesse de subvention en vertu de l'article 476 de la loi sur l'instruction publique.

Il est à noter qu'une commission scolaire peut également être autorisée à contracter des emprunts à long terme pour financer des dépenses en investissements qui n'ont pas fait l'objet d'une telle allocation et dans ces cas, le paiement en principal et intérêts ne fait pas l'objet d'une promesse de subvention mais doit être financé par les revenus généraux de fonctionnement de la commission scolaire.

Les principales étapes du processus de réalisation d'un emprunt à long terme sont les suivantes :

- Transmission par le ministère de l'Éducation d'une lettre à la commission scolaire l'autorisant à contracter un emprunt à long terme pour un montant correspondant, en tout ou en partie, au solde de ses dépenses à financer à long terme et lui demandant d'adopter une résolution d'emprunt à cet effet.
- Transmission au ministère des Finances, par le ministère de l'Éducation, de la lettre d'autorisation et de la résolution de la commission scolaire.
- Entente d'achat par le ministère des Finances avec un preneur quant à l'émission des titres de créance.
- Résolution de la commission scolaire ratifiant et confirmant les termes et conditions de l'émission.
- Signature par le ministère de l'Éducation du certificat d'attestation de l'octroi d'une subvention, de la lettre faisant état des modalités de l'émission et de la convention de fiducie.

Dans le processus mentionné ci-dessus, Financement-Québec, société relevant du ministère des Finances, négocie avec des firmes de courtage en vue de rechercher des investisseurs potentiels.

5. La responsabilité de la commission scolaire

Sous réserve de la prestation des services, la commission scolaire peut transférer les ressources de l'allocation de base et des allocations supplémentaires entre elles. Ces ressources servent à financer soit les dépenses en investissements de l'exercice soit les dépenses de remboursement de capital des emprunts à long terme à la charge de la commission scolaire qui ont servi à financer des dépenses en investissements et le remboursement de capital des contrats de location-acquisition. Si des ressources demeurent disponibles, elles sont transférées à l'année subséquente et ne font pas partie des revenus de l'exercice.

La commission scolaire ne peut transférer entre elles les ressources des allocations spécifiques, ni à l'allocation de base ni aux allocations supplémentaires. La commission scolaire assume les excédents de dépenses sur les allocations spécifiques à même les autres ressources dont elle dispose, selon ses choix.

Modifications envisagées au mode actuel de financement

Des travaux sont actuellement en cours avec des représentants du réseau scolaire concernant le mode d'allocation des ressources de l'allocation de base des commissions scolaires pour les investissements, pour le volet de l'amélioration et de la transformation des bâtiments. Les travaux réalisés à date révèlent que l'âge des bâtiments doit être un facteur à considérer dans l'allocation des ressources. L'équation actuellement arrêtée retient les facteurs suivants :

- La superficie servant à l'enseignement et à l'administration (excluant les locations d'immeubles et les bâtiments temporaires, telles les installations modulaires).
- L'âge moyen pondéré des bâtiments.
- Les effectifs scolaires.
- La localisation.

Recherche et développement en matière de financement des équipements

La direction générale du financement et des équipements est actuellement en processus de restructuration. Elle vient de mettre sur pied une équipe responsable de la prospective et du développement des politiques de financement.

La mission de cette direction consiste notamment à :

- Examiner les politiques et les pratiques d'autres pays en matière de financement de l'éducation primaire et secondaire, incluant la taxation scolaire.
- Effectuer des recherches et des analyses en vue de développer de nouveaux modes d'allocation des ressources en matière d'équipements et d'investissements scolaires.
- Réaliser des analyses comparatives concernant la gestion optimale des espaces, l'entretien préventif et la consommation énergétique.

© OCDE 2002

Au-delà des domaines de recherche décrits dans la mission de cette direction, certaines questions plus spécifiques retiennent son attention, telles :

- La taxation foncière est-elle un outil approprié pour financer les dépenses d'éducation ?

- L'imposition d'une taxe de secteur est-elle souhaitable pour couvrir les coûts des nouvelles constructions d'écoles ?

- Les coûts des équipements de la formation professionnelle pourraient-ils être financés par une taxe foncière non résidentielle ?

- Quelle méthodologie de calcul des capacités d'accueil des installations scolaires existantes et projetées est-il souhaitable d'adopter ?

- Quelles politiques d'utilisation et de gestion optimale des espaces conviendrait-il d'adopter pour les espaces existants (espaces excédentaires) et les dispositions d'immeubles ?

- Quels devraient être le mode et le quantum souhaitables d'allocation de ressources pour l'amélioration et la transformation des bâtiments ?

Compte tenu de ses besoins en recherche et développement, le ministère de l'Éducation du Québec estime qu'il serait profitable de mettre sur pied un mécanisme d'échange d'information ou mieux, une équipe conjointe de recherche sur des sujets d'intérêt commun. Tout organisme non gouvernemental, organisme public ou privé de recherche ou toute juridiction ayant compétence en matière de financement de l'éducation pourrait éventuellement y être associé, selon son intérêt propre.

© OCDE 2002

Le financement des constructions scolaires et la contractualisation en France

par

Thierry MALAN

Inspecteur général de l'administration, ministère de l'Éducation nationale, Paris

Introduction

La politique de la France dans le domaine du financement des constructions scolaires a été marquée depuis 1982 par un important mouvement de transfert de compétences au bénéfice des collectivités territoriales (trois niveaux de collectivités territoriales : 22 régions en France métropolitaine, 96 départements, plus de 36 000 communes*). Ce mouvement de transfert de compétences a concerné les domaines de la planification scolaire, du financement de la construction, de la maintenance et du fonctionnement matériel des établissements scolaires et des transports scolaires.

Il s'est accompagné d'une plus grande décentralisation de la gestion des établissements scolaires, dotés d'une certaine autonomie pédagogique, administrative et financière, ainsi que d'un mouvement parallèle de déconcentration, qui confie aux autorités représentant l'État en poste dans les régions et départements la responsabilité de tâches précédemment assurées par les administrations nationales centrales.

Dans le domaine des constructions universitaires, bien qu'il s'agisse d'une compétence incombant entièrement à l'État, au niveau de l'investissement et du fonctionnement, cette période a été caractérisée par une intervention croissante des collectivités territoriales. Celles-ci s'intéressaient à participer au financement d'infrastructures d'enseignement supérieur pour attirer sur leur territoire des institutions de haute valeur ajoutée du point de vue de l'aménagement du

---

* France métropolitaine seule ; s'y ajoutent les départements et territoires d'outre-mer (DOM-TOM) qui comportent quatre régions/départements, soit au total 26 régions, 100 départements. Aux 22 régions (France métropolitaine) correspondent 26 académies, circonscriptions régionales de l'administration de l'Éducation nationale.

69

© OCDE 2002

territoire et du développement économique et social. Cette intervention s'est faite par de multiples initiatives de soutien des universités par les régions, les départements et les villes. Elle s'opère de plus en plus dans le cadre contractuel des contrats de plan État-Région.

Le financement des constructions scolaires

1. La *répartition des compétences*

Les mesures de décentralisation ont transféré :

- Aux départements la responsabilité de la construction, de l'équipement et du fonctionnement matériel des collèges (établissements scolaires de premier cycle du second degré), et des transports scolaires.

- Aux régions l'apprentissage et la formation professionnelle continue, la charge de la construction, de l'équipement et du fonctionnement matériel des lycées (lycées d'enseignement général et technologique, et lycées professionnels, établissements scolaires de second cycle du second degré), et des établissements d'éducation spécialisée.

Les communes avaient déjà la charge des écoles primaires et maternelles. Sur les 36 000 communes, du fait de leur très grande hétérogénéité et du nombre important de communes rurales, 10 000 n'ont pas ou plus d'école, alors même que le taux de préscolarisation (non obligatoire) atteint 100 % de 3 à 5 ans et 36 % à 2 ans.

Au niveau national, le ministère de l'Éducation nationale, de la Recherche et de la Technologie garde la responsabilité d'ensemble du service public de l'éducation nationale. A ce titre, il est chargé de la définition des objectifs généraux de la politique d'éducation, des orientations pédagogiques et des contenus des enseignements, des programmes d'études et des diplômes. Il détermine les conditions de recrutement et de gestion, de formation, et de rémunération des personnels. Il a la charge des dépenses de personnel et des dépenses pédagogiques :

- En investissement : premier équipement en matériel informatique, bureautique, électronique, télématique, équipement des ateliers de technologie des collèges. En fait il s'agit surtout des matériels de technologies nouvelles, ceux qui sont très liés aux projets de rénovation des programmes d'enseignement.

- En fonctionnement : maintenance de ces matériels, fourniture de manuels dans les collèges et de documents pédagogiques dans les lycées professionnels, recherche et expérimentation pédagogiques.

© OCDE 2002

Dans le domaine des constructions le ministère de l'Éducation nationale reste responsable et a la charge intégrale de l'enseignement supérieur ainsi que de douze établissements du second degré, à vocation nationale ou internationale, spécialisés, comme par exemple le lycée technique de la photo, du cinéma, de l'image et du son.

Il dispose de l'appareil statistique et du système d'information nécessaires à l'évaluation des politiques, à la prévision des effectifs, à la prospective, à la connaissance de l'évolution du réseau scolaire. Ce système d'information national et régional a été fortement développé pour doter l'administration centrale des instruments de pilotage et d'évaluation nécessaires dans la perspective de la déconcentration et de la décentralisation.

L'État conserve ainsi la maîtrise de l'essentiel du budget : salaires des personnels, dépenses pédagogiques, mais aussi subventions aux régions et départements pour le financement des constructions scolaires. Par la répartition des emplois il conserve la possibilité de mener une politique de réduction des inégalités régionales et d'agir pour résorber les écarts de taux de scolarisation. La loi l'invite aussi à tenir compte des contraintes spécifiques de certaines zones d'environnement social défavorisé et d'habitat dispersé.

2. L'identification des besoins et la planification des investissements

Aux niveaux régional et local, la planification scolaire du second degré se décompose aujourd'hui en quatre phases principales :

- **Schéma prévisionnel des formations** : c'est l'ancienne « carte scolaire ». Il est élaboré par la région, après accord des départements, en s'appuyant sur les prévisions d'effectifs réalisées par le ministère, les rectorats et la région elle-même.

- **Programme prévisionnel des investissements (PPI)** : il est élaboré par la région pour les lycées, après accord des départements et des communes d'implantation, par le département pour les collèges, après accord des communes d'implantation. Il détermine la localisation, la capacité d'accueil des établissements scolaires et le mode d'hébergement des élèves.

- **Établissement des structures pédagogiques des établissements** : elles sont élaborées par le recteur et les inspecteurs d'académie, représentants du ministère de l'Éducation nationale, de la Recherche et de la Technologie. Elles précisent les formations suivies et leur organisation (sections, options, spécialités) et déterminent l'attribution des moyens en personnels.

- **Liste annuelle d'opérations** : elle est élaborée par le préfet, représentant de l'État, à partir du programme prévisionnel des investissements (PPI). Il ne peut y inscrire des opérations qui ne figurent pas au PPI. L'État s'engage

© OCDE 2002

à pourvoir les établissements scolaires inscrits sur cette liste des postes jugés indispensables à leur fonctionnement pédagogique et administratif. Cette inscription permet également de financer l'opération à l'aide des dotations spécifiques de l'État. C'est l'établissement de cette liste qui assure en principe la cohérence des interventions de tous les partenaires impliqués dans le processus de planification.

3. Les responsabilités et modalités de financement

Les lois de décentralisation ont cherché à constituer des « blocs de compétences » homogènes, c'est-à-dire que chacun des trois niveaux de collectivité territoriale est compétent pour la construction, la reconstruction, l'extension, les grosses réparations, l'équipement et le fonctionnement d'un des trois types d'établissement scolaire correspondant aux trois niveaux de l'enseignement primaire et secondaire : premier degré, premier cycle et second cycle du second degré (école primaire et maternelle, collège, lycée).

Ces lois ont prévu que les charges ainsi transférées par l'État aux collectivités territoriales feraient l'objet d'une compensation financière intégrale. L'année 1985 a été l'année de base, avec environ 3 milliards FRF à transférer, à partir de laquelle les crédits des années suivantes devaient être actualisés.

Dans le premier degré, les communes restent comme par le passé responsables des investissements. Depuis 1984 l'État n'accorde plus de subvention spécifique pour les constructions du premier degré, mais il est tenu compte de ce secteur dans le calcul d'une dotation globale d'équipement attribuée aux communes. Le conseil municipal décide de la création et de l'implantation des écoles primaires et maternelles publiques, après avis du représentant de l'État (l'inspecteur d'académie) qui affecte et retire les emplois d'instituteurs. L'État a la charge de la rémunération du personnel enseignant.

Le domaine des investissements scolaires du second degré a été exclu de cette globalisation de façon à garantir la poursuite d'un rythme de construction correspondant aux objectifs nationaux d'accroissement des taux de scolarisation. Les crédits correspondant aux dépenses d'investissement de l'État, au moment où est effectué le transfert de compétences vers les collectivités territoriales, sont redistribués aux collectivités territoriales sous forme de subventions spécifiques. Les collectivités territoriales consacrent en fait globalement aux constructions scolaires des sommes plus importantes que celles qu'elles reçoivent par subventions de l'État.

Deux dotations spécifiques ont été créées :

- La dotation régionale d'équipement scolaire des lycées (DRES).
- La dotation départementale d'équipement des collèges (DDEC).

© OCDE 2002

Régions et départements bénéficient de ces subventions pour les opérations inscrites au schéma pluriannuel des formations, au programme prévisionnel des investissements et, pour les constructions scolaires nouvelles, sur la liste annuelle d'opérations. Cette liste comprend seulement les constructions scolaires nouvelles et les extensions que l'État s'engage à pourvoir de postes qu'il juge indispensables.

Le partage entre ces deux dotations au niveau national est effectué chaque année à partir des objectifs nationaux d'accueil des effectifs. Le calcul de ces dotations spécifiques, réparties par le ministère de l'Intérieur et de la Décentralisation, tient compte d'un ensemble pondéré de paramètres qui leur donne un caractère d'automaticité :

1. Dotation régionale d'équipement scolaire des lycées (DRES) :
    – 60 %, compte tenu de la capacité d'accueil actuelle des locaux dont :
    30 % pour la superficie développée hors œuvre totale des bâtiments scolaires ;
    5 % en fonction de la superficie des établissements scolaires construits avant 1973 ;
    5 % en fonction de la superficie du parc de classes mobiles ;
    20 % en fonction des effectifs des lycées publics.
    – 40 % en fonction de la population scolarisable dont :
    25 % en fonction des naissances constatées dans la région entre la dixième et la septième année précédant l'attribution de la dotation ;
    15 % en fonction des retards de scolarité constatés dans la région.

2. Dotation départementale d'équipement des collèges (DDEC) :
    – 70 % en fonction de la capacité d'accueil dont :
    30 % en fonction de la superficie totale ;
    15 % en fonction de la superficie des établissements scolaires construits avant 1973 ;
    5 % en fonction de la superficie du parc de classes mobiles ;
    20 % en fonction des effectifs des collèges publics.
    – 30 % en fonction de la population scolarisable dont :
    25 % en fonction des naissances constatées dans la région entre la septième et la quatrième année précédant l'attribution de la dotation ;
    5 % en fonction du rapport des effectifs des collèges publics à la superficie de ces collèges.

En outre, les établissements scolaires publics et privés dispensant les premières formations technologiques et professionnelles, ainsi que les centres de formation d'apprentis peuvent bénéficier pour financer leurs équipements du versement d'une taxe d'apprentissage due par les entreprises à raison de 0.5 % du montant des salaires versés l'année précédente : ils ont ainsi reçu à ce titre 3.8 milliards FRF en 1996.

73

4. *L'incidence de la décentralisation sur les participations financières*

Avec la mise en œuvre de la décentralisation (effective à partir de 1986), le financement cumulé de l'ensemble des collectivités locales est passé de 14.5 % du financement de la dépense globale d'éducation en 1982 à 18 % en 1992 et 20.4 % en 1998.

Une commission consultative d'évaluation des charges (CCEC) a été chargée d'évaluer les charges résultant des transferts de compétences entre l'État et les collectivités territoriales. Les régions consacrent aux lycées, à la formation profes-sionnelle, à l'enseignement supérieur, la moitié de leurs dépenses. Mais leur par-ticipation dépasse souvent de beaucoup la subvention de l'État : ainsi en 1993 la région Centre consacrait aux lycées un budget d'investissement huit fois supé-rieur (793 millions) au montant de la DRES (102 millions) et la région Bourgogne avait en 1987 une DRES de 38 millions et consacrait en plus 64 millions aux inves-tissements pour les lycées.

Les départements consacrent aux collèges environ 6 % de leurs dépenses (mais leurs responsabilités couvrent davantage de domaines que les régions, en particulier en matière de travaux d'équipement, et en matière sanitaire et sociale). En matière de transports scolaires (à la charge totale des départements à partir du 1er septembre 1984), les dépenses ont doublé entre 1984 et 1991, pas-sant de 3.2 à 6.6 milliards FRF.

Les communes participent aux dépenses des départements et des régions (notamment les communes sièges des établissements) de façon très variable. Elles fournissent très souvent gratuitement les terrains d'implantation des éta-blissements. Ces nouvelles responsabilités ont entraîné un accroissement des charges des collectivités territoriales. Les progrès de la décentralisation ont été accompagnés d'une hausse de la fiscalité locale et d'un accroissement de l'endet-tement des collectivités locales : celui des régions a presque doublé de 1986 (13 milliards FRF) à 1991 (23 milliards FRF).

D'autres apports de l'État ont continué à être effectués dans le domaine des constructions scolaires, par exemple sous forme de prêts bonifiés. En 1999 a été lancé un plan d'action pour l'avenir des lycées, destiné notamment à permettre la réalisation par les régions de travaux de construction ou d'aménagement pour améliorer la vie quotidienne dans les lycées. Pour ce faire, l'État a décidé d'aider les régions à souscrire une enveloppe de prêts de 4 milliards FRF en ouvrant des crédits destinés à compenser le coût des emprunts.

Des événements imprévus dans le domaine de l'enseignement ont souvent pour conséquence l'octroi d'aides nouvelles de l'État. Ainsi 2 milliards FRF ont été alloués pour doter le fonds de rénovation des lycées à la suite de grandes manifestations, ou pour aider les collectivités territoriales à faire face aux consé-quences des catastrophes naturelles, aux risques en matière de sécurité (risques

© OCDE 2002

d'accidents, d'incendie, désamiantage, etc. ; en 1995 on a créé un observatoire national de la sécurité des établissements scolaires et universitaires). Des aides sont aussi prévues pour l'équipement des établissements scolaires dans le domaine des nouvelles technologies.

La contractualisation du développement de l'enseignement supérieur

Les collectivités territoriales ont assumé un rôle croissant dans le domaine du financement de l'enseignement supérieur dans les années 90. Bien qu'il s'agisse, juridiquement, entièrement d'une responsabilité de l'État, elles ont perçu l'importance que l'enseignement supérieur peut prendre dans leur développement. Sous la forme « d'antennes » puis de « délocalisations » d'universités de villes voisines, de nombreuses villes ont financé des filières d'enseignement supérieur, par la mise à disposition de locaux, le paiement des déplacements et des cours des enseignants. Beaucoup sont devenues ensuite des centres d'enseignement supérieur ou des universités à part entière. L'État s'est efforcé d'harmoniser ces initiatives locales dans le cadre d'une « carte universitaire » pour faire face à l'accroissement des effectifs dans les années 90, dans une perspective d'aménagement du territoire, et de limitation des gaspillages et des surcapacités.

Au-delà de leur effort d'investissement, et sauf dans les débuts, quand elles souhaitent consolider l'existence de ces antennes ou quand elles veulent soutenir des actions spécifiques bien délimitées (création de nouvelles filières à vocation professionnelle, actions en faveur des étudiants), les collectivités territoriales entendent bien ne pas se substituer à l'État pour les dépenses de fonctionnement qu'elles considèrent comme devant être intégralement prises en charge par lui.

Cette intervention des collectivités territoriales a pris de plus en plus une forme contractuelle, par des plans d'investissements (« Université 2000 » et aujourd'hui « U3M » – université du 3e millénaire –) fixant les grands axes de développement du système d'enseignement supérieur. Ceux-ci sont établis en concertation avec les collectivités territoriales, dans le cadre des contrats de plan État-Région qui permettent à l'État et aux régions de négocier leurs priorités en matière de planification des équipements : contrats de plan État-Région 1994-1998, d'une durée de cinq ans et aujourd'hui contrats de plan État-Région 2000-2006, en cours de préparation, qui vont couvrir une période de sept ans, de façon à coïncider avec les fonds structurels européens.

L'État peut confier aux collectivités territoriales la maîtrise d'ouvrage de la construction ou de l'extension des établissements publics d'enseignement supérieur (loi du 4 juillet 1990), si elles s'engagent à apporter au moins les deux tiers du financement.

75

© OCDE 2002

Le plan quadriennal « Université 2000 » lancé en 1991 (33 milliards FRF) a été financé pour 53 % par les collectivités territoriales. La loi d'orientation pour l'aménagement et le développement durable du territoire du 25 juin 1999 prévoit la préparation de schémas des services collectifs de l'enseignement supérieur et de la recherche. L'étape actuelle de cette démarche est la préparation du plan « U3M » (université du 3e millénaire). Ce plan (2000-2006) se situe dans un contexte nouveau de stabilité de la démographie étudiante. Il ne se limite pas à la construction de mètres carrés supplémentaires, mais prend en compte le développement de la recherche, les liaisons entre l'enseignement supérieur, la recherche et l'entreprise. Il vise au développement de la coopération interuniversitaire et de réseaux. Il cherche à éviter les gaspillages dus au développement incontrôlé d'établissements voisins intervenant dans les mêmes domaines. Des contrats territoriaux avec les départements et les grandes agglomérations doivent compléter ce dispositif de coopération. 36 milliards FRF d'investissements sont prévus (à égalité entre l'État et les collectivités territoriales) auxquels doivent être ajoutés 7.4 milliards FRF hors contrats de plan pour des opérations de mise en sécurité.

Conclusion

Les collectivités territoriales ont pris en charge leurs nouvelles responsabilités ; elles ont consacré aux constructions scolaires des crédits supplémentaires sur leurs propres ressources par rapport aux subventions reçues ; elles ont beaucoup contribué au financement des investissements universitaires.

Le système de compétences partagées qui s'est installé, dans la législation et dans la pratique, entre l'État et les collectivités territoriales a obligé l'État à expliciter plus clairement les objectifs de la politique éducative et les moyens de les atteindre et à en négocier la mise en œuvre avec ses partenaires en tenant compte de leur situation particulière. Les transferts de compétences se sont ainsi accompagnés de nouvelles relations de travail et d'une concertation accrue entre État et collectivités territoriales, en particulier sous la forme des contrats de plan État-Région.

L'État a vu ainsi sa part dans le financement global du secteur éducatif diminuer de 69 % en 1980 à 64.7 % en 1998 par rapport aux collectivités territoriales (14.3 % en 1980 et 20.4 % en 1998) du fait à la fois des lois de décentralisation et de l'intervention des collectivités territoriales dans le domaine de l'enseignement supérieur (les autres sources de financement proviennent des autres administrations : 2.2 %, des entreprises : 5.8 %, et des ménages : 6.9 %).

© OCDE 2002

Les investissements dans les bâtiments scolaires : l'expérience de la Banque européenne d'investissement[1]

par

Agustín AURIA *et* **Olivier DEBANDE**

Banque européenne d'investissement, Luxembourg

Introduction

Le rôle joué par la Banque européenne d'investissement (BEI) dans le secteur de l'éducation s'est sensiblement accru lorsque des attributions plus étendues lui ont été confiées dans ce domaine en juin 1997, lors du sommet de chefs d'État et de gouvernement d'Amsterdam. A la suite du sommet de Cologne qui s'est tenu en 2000, ses attributions ont été encore élargies de manière à lui permettre de répondre aux demandes de pays candidats. La BEI peut intervenir à tous les niveaux de l'enseignement et en ce qui concerne divers besoins – modernisation ou construction de bâtiments scolaires et universitaires (enseignement général et professionnel), renforcement de programmes portant sur les infrastructures et les équipements éducatifs, notamment l'informatique, mise en œuvre de programmes de formation et soutien à la recherche et au développement (R-D). Les projets sont évalués en tenant compte des politiques éducatives régionales ou nationales. Leurs effets immédiats sur le système éducatif concerné et sur son évolution future sont examinés.

La BEI n'a pas pour fonction d'élaborer une politique éducative européenne. Conformément au principe de subsidiarité, les mesures prises dans le domaine de l'éducation relèvent essentiellement de la responsabilité des États membres, qui sont également les actionnaires de la banque et définissent, à ce titre, la stratégie qu'elle applique. Les interventions de la BEI doivent être compatibles avec les politiques formulées aux niveaux européen et national, niveaux auxquels est défini le contexte stratégique dans lequel s'inscrit l'évaluation des projets par la BEI.

L'objet de cette communication est d'analyser l'expérience de la BEI en termes d'évaluation d'investissements devant être réalisés dans le domaine des constructions scolaires et de traiter certaines questions liées au recours à

© OCDE 2002

des partenariats publics et privés pour financer de nouveaux investissements. L'accent est mis sur l'analyse de projets éducatifs dans une optique économique.

Lors de l'évaluation de projets éducatifs, la BEI définit des indicateurs de performance devant permettre de vérifier si le projet se justifie d'un point de vue économique et de suivre son déroulement. Si ces indicateurs font apparaître de bons résultats, le projet aura démontré sa valeur sociale et économique et apparaîtra *a posteriori* comme un moyen efficient de répondre aux besoins de la population.

La BEI et les investissements dans l'éducation

1. *Les activités de la* BEI

La BEI est une institution européenne particulière. Les États membres sont les actionnaires de la banque qui a pour mission de promouvoir un développement économique équilibré dans l'Union européenne (UE) en procurant des moyens de financement à long terme et efficaces par rapport à leur coût, au titre de projets d'investissement viables. Au sein de l'Union, pour prétendre à un financement de la banque, les projets doivent contribuer à la réalisation d'un ou de plusieurs objectifs économiques et sociaux bien définis.

L'activité de la BEI est très importante, puisqu'en 1999, elle a consenti des prêts à long terme représentant 31.8 milliards d'euros, 87 % de cette somme étant allouée dans le cadre de l'UE. Le solde est utilisé pour préparer les pays d'Europe orientale à devenir éventuellement membres de l'UE ou pour soutenir les besoins en matière de développement de plus de 100 pays à l'extérieur de l'Europe. Les fonds prêtés sont levés sur les marchés mondiaux de capitaux, grâce à son excellente notation, la BEI a accès à ces capitaux aux conditions les plus favorables. Par ailleurs étant une institution sans but lucratif, elle est à même de faire directement bénéficier les emprunteurs de cet avantage. Pour préserver celui-ci, elle doit appliquer des critères d'attribution stricts à tous les emprunts. La BEI est également une institution publique. En tant que telle, elle a le devoir de veiller à ce que ses projets ne soient pas seulement viables au plan financier mais également utiles au plan économique.

La BEI finance des projets de grande envergure au moyen de prêts individuels (supérieurs à 25 millions d'euros) conclus directement avec les promoteurs de projets ou par le biais d'intermédiaires financiers. Les prêts de la BEI à l'appui de projets peuvent être consentis à des emprunteurs publics ou privés dont la situation financière est saine. Les projets de faible et de moyenne envergure (inférieurs à 25 millions d'euros) sont financés indirectement dans le cadre de « prêts globaux », correspondant à des lignes de crédits consentis à des banques ou des institutions financières exerçant des activités aux niveaux européen, national ou

© OCDE 2002

régional. Enfin, le montant des prêts octroyés par la BEI ne doit normalement pas excéder 50 % du coût total d'un projet.

2. *Le rôle de la* BEI *dans l'éducation*

La BEI finance des dépenses en capital dans le domaine de l'éducation (construction de nouveaux établissements scolaires et réhabilitation d'installations existantes notamment) et ne contribue pas au financement des dépenses courantes ou de projets de recherche en éducation. Pour être examiné, le projet éducatif doit remplir la condition suivante : contribuer à la formation d'une main-d'œuvre qualifiée et adaptable destinée à un marché du travail performant, dans l'optique du développement régional.

Les investissements éducatifs ont suscité une forte attention de la part des décideurs à l'échelon européen, national, régional et local. L'éducation apparaît comme une réponse possible aux effets de la mondialisation de l'économie et à l'émergence d'une évolution technologique mettant l'accent sur les qualifications. Malgré les disparités d'ordre culturel et structurel qui existent entre les pays, la part la plus importante du financement de l'éducation est partout assurée par le secteur public. La part des dépenses d'enseignement dans le PNB est relativement stable (environ 5 à 7 %) mais, au cours des dernières années, on a observé une réduction des montants affectés aux investissements dans les infrastructures et les équipements éducatifs. L'éducation étant essentiellement une activité à forte intensité de main-d'œuvre, il a été répondu à la demande croissante de services éducatifs, en particulier au niveau du second cycle de l'enseignement secondaire et de l'enseignement supérieur, en procédant à des transferts internes en faveur des dépenses courantes, de manière à stabiliser la taille des budgets de l'éducation.

L'action de la BEI s'ajoute à celle des pouvoirs publics en matière de financement de l'éducation dans les divers États membres européens. Son rôle, dans ce domaine, s'est développé depuis le lancement du programme PASA (Programme d'action spécial Amsterdam). Les investissements directs cumulés aux fins de projets éducatifs représentent environ 2.3 milliards d'euros. Le budget moyen des projets financés par la BEI est d'environ 69 millions d'euros et l'on observe une large dispersion des budgets des projets. Les projets éducatifs sont de taille relativement moins importante que d'autres projets d'infrastructure. En termes de répartition entre les différents niveaux d'enseignement, les projets ont été davantage centrés sur l'enseignement supérieur (environ deux tiers d'entre eux). A ce niveau, les projets concernent à la fois des universités et des établissements d'enseignement professionnel supérieur. Mais cette situation évolue, en raison de l'augmentation rapide des projets de partenariat public-privé au Royaume-Uni concernant des établissements primaires et secondaires.

© OCDE 2002

Les activités de la BEI ont porté sur le financement d'investissements en capital liés à la réduction de la taille des classes, à des travaux de mise aux normes de sécurité ou de réparation, à la réhabilitation de bâtiments et à l'agrandissement d'installations scolaires existantes. Même si l'incidence de l'état des bâtiments sur les résultats scolaires n'est pas très claire, d'après des études récentes menées aux États-Unis, il existe un lien entre l'environnement pédagogique (ou les ressources éducatives en termes de dépenses par élève et de nombre d'élèves par enseignant) et les résultats des élèves. Krueger (1999) et Krueger-Whitmore (2001) ont ainsi identifié une relation positive entre les dépenses d'enseignement et les résultats des élèves. Se fondant sur les résultats du projet STAR mené au Tennessee, dans le cadre duquel 11 600 élèves d'écoles élémentaires et leurs maîtres ont été répartis de façon aléatoire dans des classes à effectif réduit, à effectif normal ou à effectif normal et dotées d'un assistant, ces études révèlent que les élèves inscrits dans une classe à faible effectif au cours des premières années de la scolarité obtiennent des résultats légèrement supérieurs aux tests normalisés, l'amélioration des résultats étant encore plus marquée pour les élèves appartenant à des minorités ou à des classes socio-économiques inférieures. Il convient de rapprocher ces résultats de ceux d'autres études américaines récentes[2] qui démontrent qu'il existe une corrélation positive entre les résultats des élèves (mesurés d'après les notes obtenues aux tests) et leur comportement (évalué d'après les taux d'assiduité et d'exclusion) d'une part, et la qualité des bâtiments scolaires d'autre part. Ces études indiquent également qu'une fois prises en compte les situations socio-économiques, les résultats obtenus étaient inférieurs en ce qui concerne les élèves fréquentant des établissements dont les locaux étaient en mauvais état. La qualité des bâtiments scolaires peut entraîner des écarts de 5 à 17 points dans le classement par centiles des notes obtenues par les élèves.

En outre, des facteurs externes tels qu'un environnement extérieur bruyant, ou la présence de graffitis et la saleté, revêtent une importance qui n'est pas négligeable. Angrist et Lavy (1999) ont observé le même type de rapport positif entre la réduction de la taille des classes et les résultats obtenus par les élèves aux tests à partir d'un échantillon d'écoles publiques israéliennes.

La relation entre la taille d'un établissement et les résultats aux examens au niveau secondaire a par ailleurs été examinée dans le cadre d'une étude récente[3] concernant le Royaume-Uni. Les résultats aux examens s'améliorent à mesure que la taille de l'établissement croît, mais dans une proportion de moins en moins grande. Plus précisément, les établissements accueillant des élèves de 11 à 16 ans obtiennent les meilleurs résultats aux examens avec un effectif d'environ 1 200 élèves et les établissements accueillant les élèves de 11 à 18 ans avec un effectif de 1 500 élèves. Il est donc également important de procéder à la réorganisation des établissements scolaires. Les classes surchargées nuisant à la capacité

© OCDE 2002

des enseignants d'assurer un enseignement de qualité, la réduction de la taille des classes se traduit par une amélioration de la qualité des activités en classe.

Le graphique 1 a pour objet d'illustrer la relation entre les infrastructures et équipements éducatifs et les résultats scolaires.

Le capital physique scolaire peut influer de deux manières sur les résultats scolaires : par le biais des installations scolaires (c'est-à-dire des bâtiments scolaires proprement dits) et par le biais de l'environnement pédagogique (c'est-à-dire des équipements installés dans ces bâtiments). Ces infrastructures et ces équipements exerçant des effets sur le comportement des élèves et des enseignants, ils influent à ce titre sur les résultats scolaires. Ainsi, un environnement éducatif médiocre aura vraisemblablement les effets négatifs suivants sur le comportement des élèves : diminution de l'assiduité et baisse des résultats, augmentation des exclusions et, éventuellement, actes de vandalisme. Cet environnement pourra également avoir une incidence sur les taux de rotation et l'absentéisme des enseignants. De tels effets engendrent des coûts et nuisent aux résultats scolaires. En revanche, des installations scolaires, et en particulier la mise en place d'un environnement pédagogique agréable à l'intention des élèves et des personnels enseignants et autres, se traduiront par une amélioration des résultats scolaires.

Graphique 1. **Capital physique scolaire – Résultats scolaires**

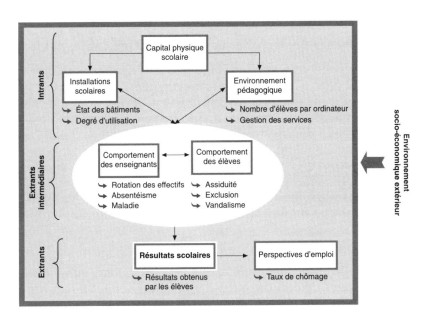

© OCDE 2002

L'incidence de la conception des bâtiments scolaires sur les résultats des élèves et sur leur comportement en France a été étudiée en détail par Derouet-Besson (1998) qui a montré les effets délétères d'une conception de ces bâtiments qui ne répond pas aux besoins des utilisateurs. Par ailleurs, l'amélioration de la qualité de l'enseignement, de même que la mise en œuvre de nouvelles méthodes pédagogiques intégrant les technologies de l'information nécessiteront des investissements supplémentaires dans le secteur de l'éducation.

En dehors du fait qu'une amélioration de l'état des bâtiments scolaires influe sur les résultats des élèves, il peut se révéler nécessaire de mettre en place des moyens supplémentaires pour faire face à une demande croissante de services éducatifs (en particulier au niveau de l'enseignement secondaire et de l'enseignement supérieur) qui s'explique par des facteurs démographiques ou des aspirations sociales.

Force est de reconnaître qu'une administration mènera rarement un projet d'agrandissement ou de rénovation de bâtiments seul. Dans une majorité de cas, il sera associé à d'autres programmes (réforme des procédures budgétaires et de gestion de l'établissement, formation d'enseignants, installation de nouveaux matériels TIC, etc.) qui engendreront des avantages pour l'établissement individuellement ou en synergie avec les nouveaux bâtiments. Il n'est en général pas du tout garanti, si tant est qu'on le juge utile, que l'on puisse démêler la façon dont s'exercent exactement ces deux effets. Cela étant, les investissements éducatifs représentant des engagements financiers importants, il semble raisonnable que les dépenses en capital fassent l'objet d'un processus budgétaire propre, même si la tâche est difficile.

Méthodes d'évaluation des investissements éducatifs appliquées par la BEI

Outre que le projet d'investissement doit se situer dans un contexte stratégique déterminé et être conforme aux objectifs européens, nationaux ou régionaux, il doit faire l'objet d'une évaluation attentive visant à démontrer sa valeur économique. L'évaluation d'un projet ou d'un programme d'investissement doit se situer dans l'optique d'un système ou dans une optique nationale. Une part essentielle de l'analyse dont il fera l'objet porte sur l'examen de son incidence sur le fonctionnement du système éducatif et de son adéquation avec les priorités ou les objectifs définis à l'échelon national ou régional. Pour nous assurer de la validité de l'investissement, nous confronterons les incidences du projet à notre perception des besoins du système éducatif considéré.

1. *Méthodes d'évaluation*

Le processus d'évaluation comprend les étapes de base suivantes décrites dans le graphique 2 : *i*) identification d'un besoin auquel il faut répondre ; *ii*) définition du contexte stratégique sur la base des objectifs de l'établissement,

© OCDE 2002

Graphique 2. **Processus d'évaluation des projets éducatifs**

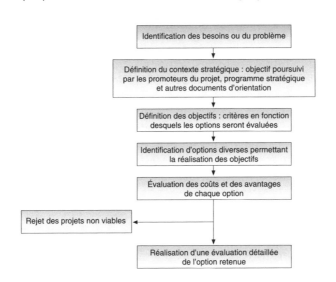

du programme stratégique ou de la stratégie appliquée à l'ensemble des établissements ; *iii*) définition des objectifs du projet ; *iv*) identification des diverses options permettant de réaliser ces objectifs ; *v*) identification et quantification des coûts et des avantages pour chaque option ; *vi*) analyse comparative.

Fixer des objectifs précis et transparents est très important et les promoteurs du projet doivent s'y attacher dès le début de l'évaluation. Ils doivent également indiquer quels sont les autres scénarios qui ont été envisagés. Parmi ceux-ci, devrait figurer un scénario de référence souvent défini comme le maintien du *statu quo*. Les avantages et les coûts des divers scénarios doivent ensuite être évalués par rapport au scénario de référence. Nous pouvons associer à chacun des divers objectifs des résultats ou des avantages. Pour produire ces résultats ou avantages, des intrants tels que le nombre d'heures d'enseignement des élèves, les enseignants, les matériels, les équipements ou les installations physiques doivent être utilisés et les ressources consacrées à ces intrants représentent les coûts de l'éducation.

L'orientation de l'évaluation varie selon les objectifs identifiés. Dans un système où l'objectif est de remédier à l'offre insuffisante de bâtiments scolaires afin de préserver la qualité de l'enseignement, l'évaluation du projet se fondera sur la comparaison des capacités futures de gains des élèves et des dépenses d'éducation, y compris les dépenses d'investissement. Si le projet vise à améliorer une qualité insuffisante du processus éducatif due à l'existence de classes ou de salles

83

© OCDE 2002

de conférence surchargées, ou à des taux élevés d'abandon scolaire ou de redoublement, l'évaluation sera centrée sur les économies monétaires et non monétaires réalisées en mettant en place un environnement éducatif de meilleure qualité.

Dans la pratique, on se heurte à deux difficultés importantes lorsqu'on évalue un projet éducatif. Tout d'abord, les rapports entre les extrants du système éducatif et les intrants utilisés pour la production ne sont pas toujours bien identifiés. Des variations au niveau de la qualité des intrants (éducatifs aussi bien que parentaux) peuvent avoir une incidence sur l'efficacité relative des établissements scolaires. Ensuite, au vu de la diversité des extrants, il sera nécessaire de leur appliquer certains coefficients de pondération. Étant donné que l'on ne peut utiliser de prix du marché en raison de graves imperfections du marché (voir de l'absence totale de marché), on devra définir avec soin le système de pondération.

Évaluation des coûts et des avantages

Dans le cadre de l'évaluation, nous identifions les avantages et les coûts associés au projet et distinguons ceux dont la valeur peut être exprimée en termes monétaires. Les données ne permettent pas toujours de procéder à une estimation du taux de rendement économique, mais, en tout état de cause, il est indispensable de définir un « scénario » à partir duquel on décidera si un projet est économiquement et socialement acceptable. Il conviendra également d'analyser les effets de différents profils temporels ainsi que les risques et les incertitudes inhérentes au projet.

S'agissant des coûts, l'analyse du projet peut distinguer différents types de coûts éducatifs. On observe trois grandes composantes des coûts d'un projet. La première correspond aux coûts du marché, à savoir les coûts qui peuvent être facilement évalués en termes monétaires. Ils peuvent être assumés par les pouvoirs publics, les ménages (directement ou indirectement sous forme d'impôts, selon la source de financement), des ONG, des fondations privées, etc. Il s'agit des dépenses directes liées aux frais de scolarité, à l'achat de manuels, aux frais de transport, aux frais de subsistance des étudiants, aux équipements, à l'enseignement, etc. La BEI, du fait de la mission qui est la sienne, accorde une attention particulière aux dépenses en capital telles que les dépenses liées à l'achat de terrains ou à la démolition, la construction ou la modernisation de bâtiments. Mais les dépenses courantes doivent être également prises en compte dans le cas des projets concernant des bâtiments, et en particulier de projets qui engendrent des économies importantes en raison de l'amélioration des systèmes de maintenance, d'alimentation électrique et de chauffage. Enfin, les dépenses liées à d'autres éléments concernés par le projet doivent être considérées, telles que les accès aux bâtiments, les facteurs environnementaux et les coûts de conservation ou de dessaisissement de locaux inutilisés.

© OCDE 2002

La deuxième catégorie de coûts, dans le cas de l'enseignement post-obligatoire, est formée par les « coûts d'opportunité », à savoir le manque à gagner des étudiants – mesuré en tant que perte de gains liée au fait que les étudiants peuvent avoir à abandonner ou à ne pas prendre un emploi ou, tout du moins, à ne pas travailler un nombre d'heures correspondant à un emploi normal pour poursuivre leurs études, et en tant que perte de recettes fiscales. Les coûts d'opportunité mesurés en termes de perte de gains représentent une dimension fondamentale de l'analyse coûts-avantages, en particulier au niveau de l'enseignement supérieur. Le temps passé dans les établissements d'enseignement ou à étudier a un coût, puisque les étudiants auraient pu utiliser ce temps pour acquérir un revenu dans le cadre d'emplois ouverts aux personnes de même âge qu'eux, et de même niveau d'instruction et d'aptitudes. La troisième catégorie de coûts est liée à la perte de loisirs[4]. Il s'agit d'un coût d'opportunité particulier résultant de la participation à un programme d'enseignement.

En ce qui concerne les avantages, la même distinction peut être opérée entre les avantages marchands et non marchands des investissements éducatifs. Les principales catégories d'avantages qui peuvent être identifiées sont les suivantes. Les avantages privés correspondent à la valeur actuelle des avantages de revenus futurs des étudiants. Si les rémunérations se fondent sur la productivité marginale et si celle-ci s'accroît grâce aux investissements éducatifs les revenus s'accroîtront également ; il s'agit aussi d'un avantage social des programmes d'investissement.

Mais les participants à un programme d'enseignement ne bénéficient pas de la totalité des avantages tirés de leur productivité accrue puisque l'augmentation de leur revenu les amène à verser des impôts plus élevés. Ils bénéficient certes d'une augmentation de revenu après impôts mais d'autres personnes dans la société bénéficient de la valeur actuelle de l'augmentation future de leurs impôts. Parmi les autres avantages monétaires du projet figurent les revenus tirés des droits d'inscription, les revenus de la recherche ou les revenus tirés de l'utilisation des locaux par des tiers.

La troisième catégorie d'avantages est celle qui est liée à l'amélioration de l'efficacité interne du système. Si les investissements réalisés abaissent le taux de redoublement, ils entraîneront des économies – les mêmes ressources n'étant utilisées qu'une fois – qui peuvent être comptabilisées comme des avantages. De même, la réduction des taux d'abandon en cours d'études amènera une cohorte plus importante à bénéficier de revenus après impôts plus élevés puisqu'elle aura passé davantage de temps au sein du système éducatif.

Le dernier groupe d'avantages est constitué par les avantages intangibles – qu'ils soient à caractère privé ou social – ou externalités positives. Une évaluation exhaustive de l'investissement à réaliser devrait prendre en compte tous les effets de la scolarisation, et pas uniquement ceux qui sont liés au marché du travail. La principale difficulté dans l'évaluation de ces avantages intangibles est leur dimension non monétaire. Par exemple, la consommation de services éducatifs est un avantage en termes de « divertissement » et pour beaucoup, il s'agit d'une expérience agréable pour laquelle une « volonté de payer » existe. En outre, nos études peuvent modifier nos goûts et accroître le plaisir que l'on retire de la lecture, de la musique ou de l'art en général. Ce type d'avantage n'est internalisé que par la personne qui participe au programme d'enseignement. En revanche, la réduction de la délinquance se traduira par des externalités pour l'ensemble de la communauté et contribuera donc au bien public. Mais l'éducation crée de nombreuses autres externalités. Pour n'en citer que quelques-unes, l'éducation, non seulement rend un individu plus productif, mais elle contribue également à la productivité d'autres personnes (voir la théorie de la croissance endogène). Les personnes ayant fait des études supérieures deviennent plus adaptables et mieux à même de suivre l'évolution des technologies et une population instruite plus mobile permettra une meilleure organisation spatiale des facteurs de production. Enfin, certains avantages se présentent sous la forme d'une meilleure socialisation et d'une cohésion sociale accrue. Dans la pratique, un certain nombre de ces avantages non marchands peut être évalué en utilisant un indicateur supplétif. Par exemple, les dépenses des étudiants liées à l'utilisation des transports publics peuvent être prises en compte dans les comparaisons des emplacements de nouvelles résidences.

Toute évaluation d'un investissement éducatif fondée sur la quantification de ces coûts et avantages nécessitera que l'on examine également d'autres points. S'agissant de l'offre du « marché éducatif », si l'établissement d'enseignement est complet, l'inscription d'un nouvel élève obligera l'établissement à accroître son offre et augmentera les coûts moyens de l'enseignement pour l'ensemble des élèves. L'existence de certaines indivisibilités dans la production d'élèves ou d'étudiants doit être prise en considération lorsqu'on envisage d'investir dans de nouvelles installations éducatives. Pour ce qui est de la demande, les gains escomptés en termes de revenus supplémentaires seront fortement tributaires de la situation du marché du travail. Si le domaine professionnel dans lequel des étudiants reçoivent une formation est saturé, en l'absence de restrictions, la présence d'un nombre de diplômés plus élevé sur le marché fera baisser leur rémunération de même que celle des non-diplômés.

Choix des méthodes d'évaluation

Il est impossible de définir une typologie permettant de classer les projets par type de méthode d'évaluation. Toute classification proposée serait artificielle et très restrictive. Deux projets « d'apparence semblable » peuvent demander des approches méthodologiques différentes du fait, à la fois *i*) de leur contenu et *ii*) des données disponibles.

© OCDE 2002

L'instrument d'évaluation d'un investissement éducatif différera donc selon les objectifs du projet (mettre en place de nouvelles installations ou améliorer la qualité d'installations existantes), le niveau d'enseignement considéré ou la nature des bâtiments (bâtiments à caractère général tels que bibliothèques, résidences ou installations à caractère éducatif telles que salles de conférence ou laboratoires).

• Analyse coûts-avantages

On aura recours à l'analyse coûts-avantages dans le cas de projets dont il est possible d'identifier et d'évaluer exactement les coûts et les avantages en termes monétaires. Dans de nombreux cas, l'estimation du taux de rendement est centrée sur les avantages de l'investissement et ne tient pas explicitement compte des avantages sur le plan de la consommation et des avantages externes, lesquels sont susceptibles d'être beaucoup plus importants que les effets directs de l'éducation sur les rémunérations nettes. C'est pourquoi l'on peut toujours considérer que l'estimation du taux de rendement économique ne représente que la limite inférieure du taux de rendement social véritable.

D'après la théorie du capital humain, l'éducation renforce les capacités de l'individu et accroît donc sa productivité. Sur un marché du travail compétitif, un individu plus productif recevra une rémunération plus élevée. On peut procéder à l'estimation du taux de rendement en actualisant le flux des avantages et des coûts associés au projet : il sera procédé à l'investissement si le flux actualisé des avantages est supérieur au flux actualisé des coûts. Selon la nature du projet, les avantages de l'enseignement peuvent être mesurés en estimant les gains supplémentaires perçus tout au long de la vie ou en calculant les économies, pour les pouvoirs publics, d'une diminution des taux de redoublement par exemple. Le calcul du taux de rendement doit prendre en compte les externalités – sur le plan des coûts comme des avantages – si l'on veut disposer d'une évaluation complète du projet. Ce sera possible à condition d'avoir accès à des données à ce sujet et de pouvoir convertir certaines mesures en termes monétaires. Le taux de rendement observé sera par ailleurs fonction des politiques du travail et des politiques sociales qui influent sur l'emploi et les possibilités de gains[5].

En ce qui concerne certains projets dans lesquels les taux d'abandon et de redoublement revêtent une importance particulière, l'analyse coûts-avantages est liée à une évaluation de l'efficacité interne du système. On dit de l'éducation qu'elle a un niveau d'efficacité interne plus élevé si, à niveau égal d'intrants, le volume des extrants est plus élevé. Au nombre des indicateurs d'efficacité interne figure le nombre d'années nécessaires à la formation d'un diplômé, le pourcentage d'une cohorte parvenue à un certain niveau d'enseignement, le nombre d'élèves par enseignant et le nombre d'élèves par classe, les résultats des élèves,

© OCDE 2002

les taux d'abandon et les taux de diplômés. Ce type d'indicateurs peut fournir des informations sur d'autres aspects de l'évaluation du projet, à savoir sur les avantages marchands et non marchands du projet.

Dans le cas de l'aménagement d'un campus universitaire dans un État membre, nous avons calculé le taux de rendement économique du projet en nous fondant sur le fait que l'amélioration des infrastructures physiques entraînerait un accroissement de la qualité de l'éducation, lequel se traduirait par une diminution des taux d'abandon et de redoublement. Dans le cas d'un autre établissement d'enseignement supérieur où la qualité de l'enseignement était acceptable, le calcul du taux de rendement a été fondé sur l'estimation de l'accroissement ultérieur des gains des étudiants qui fréquentaient l'établissement. Dans ce second cas, l'objectif principal du projet était d'agrandir l'infrastructure existante afin qu'elle puisse accueillir un plus grand nombre d'étudiants.

• Analyse coût-efficacité

L'analyse coût-efficacité est une méthodologie appropriée lorsqu'il s'agit d'évaluer des projets éducatifs dont les avantages n'ont pas véritablement de valeur marchande ou ne sont pas facilement mesurables en termes monétaires. Cette méthodologie a été utilisée pour évaluer des projets dans l'enseignement primaire et secondaire.

Lorsqu'on applique cette approche, les intrants sont en général mesurés en termes monétaires alors que les extrants sont évalués en unités non monétaires telles que les résultats aux examens, le nombre de diplômés, le nombre de publications scientifiques, etc. L'analyse coût-efficacité permet d'évaluer les coûts ainsi que les effets d'un projet éducatif donné et donc d'examiner des questions fondamentales telles que :

• Pour un niveau donné d'efficacité, quels sont les projets les moins onéreux ?

• Pour un niveau donné de coûts, quels sont les projets qui augmentent au maximum le niveau d'efficacité ?

• Quels sont les projets qui augmentent au maximum le rapport coût-efficacité ?

Parvenir à évaluer valablement la qualité d'une production qui se présente sous la forme d'unités physiques constitue l'un des problèmes liés à cette approche. Lorsqu'un produit est homogène, l'unité physique rend précisément compte de ses attributs. Mais, dans le cas de l'enseignement supérieur par exemple, les divers extrants présentent de fortes variations sur le plan de la qualité. Cet effet est, en principe, mis en évidence dans l'analyse coûts-avantages par l'augmentation des rémunérations sur le marché des diplômés, mais il n'apparaît pas dans l'analyse coût-efficacité. Les difficultés liées à l'évaluation de la qualité sont

© OCDE 2002

encore plus grandes lorsqu'on utilise des indicateurs de productivité partielle (comme l'effectif des diplômés par le nombre d'enseignants). Dans ce cas, tant les intrants que les extrants sont mesurés sous forme d'unités physiques et les données et méthodologies statistiques disponibles n'ont pas pour objet d'évaluer la qualité. Cet aspect est particulièrement important dans le cas des projets éducatifs.

En outre, pour pouvoir être comparés, les divers projets doivent produire le même type de résultats : si un programme produit uniquement des effets en termes d'efficience et un autre en termes d'équité, la comparaison des deux projets devient relativement complexe. Pour tenir compte des résultats multiples du processus éducatif, nous pouvons entreprendre une analyse coût-efficacité pondérée. En pareil cas, nous appliquons des coefficients de pondération à chaque résultat. En divisant les résultats pondérés par le coût de l'intervention correspondante, on obtient un rapport coût-efficacité pondéré. Par exemple, dans le cadre d'un projet donné, si nous examinons deux résultats – les résultats aux examens et l'accès à l'enseignement des familles à faible revenu – nous pouvons assigner un coefficient de pondération élevé à la dimension « accès » si c'est cette dimension que nous voulons mettre en avant. Le caractère subjectif de l'attribution d'un coefficient de pondération à chaque dimension constitue une faiblesse évidente de cette approche.

Une autre difficulté tient à la notion d'efficacité que nous considérons, à savoir l'efficacité intermédiaire ou finale. Ainsi, pour un projet éducatif donné, l'efficacité peut être définie en termes de nombre de diplômés ou bien en termes de personnes auxquelles le marché du travail fournit un emploi correspondant au niveau de qualification qu'elles ont acquis. Dans le premier cas, nous examinons l'efficacité du projet éducatif à un niveau intermédiaire et, dans le second, son efficacité finale. Il convient par ailleurs, dans l'évaluation coût-efficacité, de prendre en considération les avantages externes. Dans la mesure où des effets non cognitifs peuvent influer sur l'efficacité d'une personne dans son emploi ou sur la qualité de sa vie une fois ses études terminées, ils doivent être inclus dans l'analyse. Les établissements d'enseignement peuvent se révéler efficaces au plan interne en faisant en sorte que leurs étudiants obtiennent de meilleurs résultats aux examens mais inefficaces pour ce qui est de les préparer à la vie adulte en les socialisant.

L'approche coût-efficacité a été utilisée pour évaluer un projet concernant l'enseignement obligatoire dans un État membre. L'hypothèse qui sous-tend ce projet était que le fait d'améliorer l'état de l'ensemble des établissements d'enseignement secondaire devrait contribuer dans une large mesure à accroître la réussite scolaire en améliorant les résultats de l'enseignement (mesurés en termes de résultats aux examens) ainsi que le comportement des élèves (mesuré en termes d'assiduité et d'exclusion). Divers indicateurs ont été utilisés pour évaluer le rapport coût-efficacité d'un tel type de projet.

© OCDE 2002

2. Indicateurs de suivi et de performance

Les investissements éducatifs produisent des effets durables qu'il convient d'observer si l'on veut évaluer leur contribution à la réalisation des objectifs économiques et sociaux poursuivis par la BEI (à savoir financer des projets favorisant un développement économique et social équilibré et durable de l'Europe). Les indicateurs de performance[6] sont des mesures quantitatives ou qualitatives de réussite *ex post* dans la réalisation efficiente d'objectifs éducatifs *ex ante*. L'utilisation de ces indicateurs est étroitement liée à la première phase du processus d'évaluation dans lequel les objectifs du projet sont définis et les diverses options permettant d'atteindre ces objectifs sont examinées.

L'utilisation d'indicateurs de performance dans le cadre du cycle de projets est décrite ci-après. Le point de départ du cycle de projets est l'identification des projets et leur classement selon un ordre de priorité. La stratégie éducative des pays contribuera à distinguer les projets qui contribuent sensiblement à la réalisation des objectifs de l'UE. A ce stade, les indicateurs de performance permettront de définir un ordre de priorité des projets et fourniront des arguments d'ordre quantitatif et qualitatif pour en rejeter certains.

Le rapport d'évaluation doit spécifier les indicateurs de performance ou les données de suivi qui seront collectées au cours de la mise en œuvre du projet. Ceux-ci serviront d'outils de gestion pendant cette mise en œuvre et fourniront l'essentiel des informations qui seront prises en compte dans l'évaluation.

La définition d'indicateurs de performance doit se fonder sur trois principes fondamentaux : la simplicité, la qualité et la diffusion. Tout d'abord, les indicateurs de performance devraient toujours être suffisamment simples pour pouvoir être rassemblés et gérés par les bénéficiaires du projet (à savoir les enseignants et les établissements). Ensuite, il faut s'attacher au maximum à rassembler des données de qualité qui soient fiables. Enfin, les informations à réunir doivent être diffusées à divers niveaux, à savoir aux niveaux national et régional et à celui des circonscriptions, des collectivités et des établissements scolaires. Elles aideront non seulement les décideurs à prendre des décisions en toute connaissance de cause mais aussi les établissements et les collectivités à envisager de modifier leurs pratiques en vue d'obtenir de meilleurs résultats.

Divers indicateurs de performance peuvent être appliqués dans le cas de projets éducatifs, en fonction des objectifs identifiés. Des indicateurs de performance utilisés en ce qui concerne l'enseignement supérieur sont présentés en appendice. Pour ce qui est de l'enseignement primaire et secondaire, les indicateurs de performance peuvent être classés en quatre catégories :

- Les indicateurs de performance ou de résultats de l'enseignement : il pourra s'agir des résultats aux examens nationaux concernant les savoirs fondamentaux (lecture, écriture, calcul).

© OCDE 2002

- Les indicateurs de coût : coût par élève, économies engendrées par l'amélioration du système de chauffage, etc.

- Les indicateurs coût-efficacité : dépenses d'éducation par élève, nombre d'élèves par enseignant, nombre d'élèves par ordinateur, taille des classes, taux d'assiduité, dépenses liées à des actes de vandalisme, etc.

- Les indicateurs socio-économiques : nombre d'élèves en droit de bénéficier de programmes d'aide spécifiques, etc.

Options de financement

Dans l'évaluation d'un projet éducatif, il y a lieu de considérer les différentes options de financement permettant de le mener à bien. Parmi celles-ci figurent l'utilisation de fonds publics, les emprunts, les contrats de financement, les contrats de services, la sous-traitance ou des initiatives de financement privé. Le recours au secteur privé a été considéré comme un moyen d'alléger la demande qui s'exerce sur les fonds publics pour financer de nouveaux investissements dans les infrastructures éducatives. En outre, l'intervention de partenaires privés permettra une meilleure répartition des risques entre les différents acteurs et la définition de solutions novatrices en ce qui concerne la construction ou la rénovation de bâtiments scolaires.

La création de partenariats public-privé (PPP) afin de financer de nouvelles infrastructures se développe dans toute l'Europe. La BEI a l'habitude de travailler avec l'un et l'autre de ces secteurs et nous accordons donc une importance particulière à l'élaboration de projets de partenariats ainsi qu'à l'appui à ces projets, dans lesquels nous voyons des instruments financiers supplémentaires destinés à soutenir les investissements en capital dans des infrastructures économiques et sociales.

Le cas particulier des financements PPP/PFI[7] au Royaume-Uni

Même après que divers services publics eurent été privatisés au Royaume-Uni, il reste dans ce pays des infrastructures à forte intensité de capital qui ont souvent pour client final le secteur public, lequel se montre très soucieux de la qualité et de la nature des prestations fournies notamment dans les domaines de la santé, des routes, de l'enseignement et des services pénitentiaires. La *Private Finance Initiative*[8], dite PFI, s'apparente à un projet de financement à recours limité et introduit un changement fondamental dans la perception du rôle de l'État dans les investissements en infrastructures au Royaume-Uni. Le secteur public achète désormais directement ou indirectement des services au secteur privé qui construit, finance et exploite les infrastructures et les équipements qui assurent ces services, alors que ce même secteur public était auparavant le propriétaire de ces équipements et le fournisseur direct des services. Les pouvoirs publics prennent un engagement à long terme lors de la passation du contrat de service, ce qui implique que la valeur actualisée de leur engagement financier peut être pratiquement la même, qu'ils soient ou non propriétaires des équipements considérés. De fait, les dépenses d'équipement ponctuelles sont remplacées par un flux d'obligations financières futures s'étendant sur la durée totale du contrat qui s'ajouteront aux autres dépenses publiques. Trois conditions principales doivent être respectées dans le cas des projets PFI :

- Le projet doit se révéler « rentable » pour le contribuable.

- Son coût doit avoir un caractère « abordable » pour l'organisme public promoteur, eu égard aux ressources existantes ou prévisibles.

- Il doit transférer une part importante des risques au secteur privé.

Trois types de projets potentiels ont été identifiés. La première catégorie regroupe des projets indépendants sur le plan financier qui sont exécutés par le secteur privé et dans le cadre desquels il est prévu que les coûts soient recouvrés intégralement au moyen de redevances versées par l'utilisateur final (péage du pont de Skye par exemple). La deuxième catégorie englobe des projets dans lesquels des services sont vendus au secteur public, leur coût étant couvert intégralement ou essentiellement par des redevances perçues par le prestataire privé auprès de l'organisme public adjudicateur (c'est le cas des projets relatifs aux prisons de Fazakerley et de Bridgend, et de projets concernant des établissements scolaires, des hôpitaux et des routes). Il existe enfin des projets en coentreprises dont les coûts sont financés en partie à l'aide de fonds publics, compte tenu des avantages qu'ils offrent pour la société, et en partie par le biais d'autres sources de revenu, la responsabilité de la direction générale du projet incombant au secteur privé (projets relatifs à la prolongation de la ligne de la *Docklands Light Railway* jusqu'à Lewisham et au *Channel Tunnel Rail Link*).

Dans le cadre de l'Initiative de financement privé (PFI) ou de Partenariat public privé (PPP) en Grande-Bretagne, la BEI a supporté un premier projet relatif aux écoles de Falkirk, en Écosse. A la suite de ce projet initial, un nombre important de nouveaux projets de financement PFI/PPP sont en train d'être lancés dans le domaine de l'enseignement. Par rapport aux marchés publics, les structures financières et contractuelles des projets en partenariat sont complexes, mais ces projets permettent au secteur public de répondre de manière souple et rigoureuse à la fois aux besoins particuliers de chaque projet et ils se fondent sur un partage approprié des risques et l'application d'un certain nombre de règles.

Le développement des projets PFI/PPP a pris une assez grande ampleur dans le secteur de l'éducation. A ce jour, 17 grands projets environ ont été mis sur pied dans ce domaine, et leur valeur en capital représente près de 300 millions de livres. Ils concernent tous les niveaux d'enseignement.

© OCDE 2002

Ces projets sont réalisés à différents niveaux (Burt, 1999). Dans l'enseignement supérieur, un grand nombre d'universités a décidé d'avoir recours aux financements PPP/PFI pour des installations qui ne sont pas directement liées à l'enseignement ou à la recherche. Des partenaires du secteur privé ont financé des logements pour étudiants ainsi que des installations sportives et de loisirs. Dans l'enseignement primaire et secondaire, face au retard accumulé pour les réparations et les rénovations des bâtiments scolaires, cinq projets pilotes ont été mis sur pied et regroupés. Leur réalisation vise à contribuer à la définition de modèles harmonisés utilisables pour de futurs projets. Dans le même temps, le nombre de contrats signés aux fins de la construction et de la rénovation d'établissements augmente également. L'équipement d'établissements en matériel informatique constitue par exemple un autre domaine potentiel d'intervention.

Les opérations de financement PPP/PFI menées dans l'enseignement primaire et secondaire ont pris diverses formes. Tout d'abord, les administrations locales les ont fait porter soit sur l'ensemble des établissements, soit sur certains d'entre eux afin de canaliser les ressources sur ceux-ci. Ensuite, divers types de contrats peuvent être passés avec le concessionnaire : ce dernier peut disposer d'une marge de manœuvre relative aux termes d'un contrat spécifiant une « obligation de **résultats** » ou faire l'objet d'un contrôle plus précis dans le cadre d'un contrat reposant sur le concept d'« obligation de **moyens** ». Dans le premier cas, le choix des moyens grâce auxquels il fournit par exemple des installations conformes aux normes définies par les pouvoirs publics est laissé à la discrétion du concessionnaire, étant entendu que sa responsabilité s'exercera tout au long de la durée du contrat. En principe, ce type de contrat est plus proche de l'esprit des projets PFI, dans la mesure où il permet au concessionnaire d'avoir recours à des formules novatrices et flexibles pour atteindre les objectifs définis par l'administration adjudicatrice.

Le choix de l'option PFI/PPP pour financer la construction de bâtiments scolaires soulève de nouvelles questions. En premier lieu, la passation des marchés et le lancement des projets seront plus onéreux et prendront davantage de temps que la passation de marchés publics traditionnels. La nature des projets éducatifs est complexe du fait que les projets portent à la fois sur la construction de nouveaux locaux et sur la rénovation d'installations existantes. Alors que la construction d'installations nouvelles est parfaitement adaptée au mode de financement PFI, les projets de rénovation peuvent soulever d'énormes difficultés au niveau de la fixation des prix. Par exemple, le temps consacré à l'examen des bâtiments afin de veiller à ce que tous les risques potentiels soient identifiés doit être pris en compte. En outre, l'évaluation monétaire de ces risques sera relativement compliquée, ce qui aura pour effet de réduire les gains escomptés du transfert de risque au secteur privé. Le financement PPP/PFI doit par ailleurs être évalué en fonction du comparateur du secteur public (PSC – *Public Sector Comparator*). Cette

© OCDE 2002

opération vise à déterminer le coût de services d'un niveau équivalent qui seraient fournis dans le cadre d'un marché public traditionnel ou, si ce niveau ne peut être atteint, de la deuxième option la plus favorable. L'évaluation à l'aide du PSC doit être rigoureuse, de manière à déboucher sur une estimation viable du caractère abordable du coût du projet, et ce afin d'éviter toute incohérence majeure qui serait due à une évaluation imparfaite du promoteur. En second lieu, la répartition des risques doit elle aussi être évaluée très soigneusement. Par exemple, les risques liés à des opérations foncières, et en particulier à des projets nécessitant le choix d'un nouveau site, ne peuvent être facilement transférés au partenaire privé. L'autorité adjudicatrice est en meilleure position pour gérer l'implantation de tout nouveau site. Sur un plan plus général, la répartition et le coût des risques sont les principaux éléments qui concourent à la rentabilité des projets PPP/PFI par rapport aux méthodes de passation des marchés traditionnels. Enfin, l'émergence d'un marché pour les projets éducatifs PPP/PFI ainsi que la normalisation des procédures et la publication de la documentation afférente par les pouvoirs publics favoriseront la mise en œuvre de ce type de projets. Il convient aussi de mettre au point des réglementations claires dans le but de contrôler la qualité des prestations assurées par les partenaires privés.

Appendice : Étude de cas concernant l'enseignement supérieur

Description du projet. L'investissement se présente sous la forme d'un prêt aux autorités régionales d'un État membre afin de moderniser le campus existant et de construire de nouveaux bâtiments universitaires sur un autre site. Le but du projet est de permettre d'accueillir des effectifs supplémentaires dans l'enseignement supérieur et d'améliorer la qualité de l'enseignement et de la recherche. Les composantes du projet sont les suivantes : i) construction et modernisation de salles de conférence, ii) construction de nouveaux bâtiments destinés au logement et à la restauration des étudiants, et iii) construction de nouveaux laboratoires et bibliothèques.

Contexte général. Le projet doit être exécuté dans une région qui doit faire face à une explosion du nombre d'étudiants inscrits dans l'enseignement supérieur. Cette tendance est liée à l'espoir, pour beaucoup, d'avoir de meilleures possibilités d'emploi en étant titulaire d'un diplôme d'enseignement supérieur. La région a également dû faire face à une restructuration importante de ses structures économiques. Alors qu'elle était auparavant spécialisée dans la production à forte intensité de main-d'œuvre de biens ayant une faible valeur ajoutée, l'implantation d'industries à haut niveau de technologie a suscité une forte demande de travailleurs qualifiés, en particulier en sciences et en ingénierie.

Analyse spécifique du projet. Le projet porte sur l'enseignement post-obligatoire et permettra d'accroître les effectifs de l'enseignement supérieur en

© OCDE 2002

remédiant à l'insuffisance des possibilités d'accueil. Outre qu'il contribuera à élever les taux d'inscription à ce niveau, le projet aura pour principaux effets *i*) l'amélioration des résultats des étudiants grâce à la mise en place d'infrastructures d'appui à l'enseignement (bibliothèques) et à l'aménagement de nouvelles salles de conférence, et *ii*) la promotion d'activités de recherche exerçant un effet multiplicateur sur les activités économiques de la région.

Avantages spécifiques du projet. En vingt ans, de 2005 à 2025, le projet devrait permettre d'accroître le nombre de diplômés de l'enseignement d'environ α (augmentation escomptée du nombre de diplômés d'après le recensement démographique et en supposant un taux d'inscription de x, un taux d'abandon de y et une durée des études égale à z années). Le projet, grâce à l'amélioration de la qualité de l'enseignement, aura également pour effet d'élever le niveau des gains escomptés de ceux qui auraient mené à terme des études supérieures, même en l'absence du projet. Les diplômés devraient percevoir des gains plus élevés que d'autres travailleurs ayant un niveau d'études inférieur, et ils sont assurés de percevoir ce revenu plus élevé tout au long de leur vie professionnelle. La société dans son ensemble tirera aussi profit du projet puisque les diplômés, du fait de leur rémunération supérieure, verseront des impôts sur le revenu plus élevés. La société tirera encore d'autres avantages de l'augmentation du produit de la recherche menée dans les établissements d'enseignement supérieur, celle-ci devant entraîner des effets externes sur l'économie au niveau régional et au niveau national. En outre, on peut s'attendre à une rétroaction positive d'activités de recherche nombreuses sur la qualité de l'enseignement. L'amélioration de la qualité de vie sur le campus engendrera des avantages pour les étudiants en tant que consommateurs. Enfin, l'augmentation du nombre des diplômés soutiendra la restructuration économique de la région et entraînera un effet cumulatif sur l'apprentissage, puisqu'il existe manifestement un rapport positif entre le niveau d'instruction des parents et le niveau d'études de leurs enfants.

Données. Différentes sources de données peuvent être utilisées. Les données d'une enquête sur les ménages portant sur x ménages fourniront des informations sur le niveau de rémunération par type de formation. Les données issues d'études scientométriques et d'études sur les brevets permettront d'évaluer la production de la recherche. En l'absence de ce type d'étude, la valeur de la recherche peut être approximativement évaluée d'après la part de la rémunération des chercheurs qui correspond à la fonction de recherche. L'examen des activités économiques et de la pénurie de main-d'œuvre permettra d'identifier la contribution potentielle des diplômés au développement économique et d'adapter l'offre de diplômés aux besoins de l'économie régionale et nationale. Les coûts supportés par les pouvoirs publics ont été calculés dans le cadre de la phase d'analyse sectorielle qui consiste à examiner les dépenses publiques d'un pays A dans l'enseignement supérieur. Les dépenses publiques pour un étudiant sont

95

© OCDE 2002

estimées à β par an. D'après l'analyse des données issues de l'enquête sur les ménages, nous estimons que les dépenses privées s'élèvent à γ et δ respectivement, par étudiant, par an, pour les étudiants inscrits dans l'enseignement supérieur vivant dans leur famille ou à l'extérieur (résidence universitaire)[9].

Types d'analyses qui peuvent être réalisées

1. Analyse des coûts

Les coûts du projet sont des coûts marchands, des coûts d'opportunité et des coûts intangibles. Les coûts marchands du projet sont les coûts de construction liés à la modernisation ou à l'agrandissement des bâtiments universitaires (construction proprement dite ou rénovation de salles de conférence, de salles de bibliothèque, etc.) et les coûts récurrents, à savoir les salaires des enseignants, les salaires du personnel administratif et les dépenses de fonctionnement et de maintenance. D'autres coûts peuvent être encourus au titre de l'achat de nouveaux matériels (ordinateurs, manuels, etc.) pour les laboratoires et les bibliothèques ainsi que pour les résidences et les restaurants universitaires. Les coûts d'opportunité représentent la perte de gains subie par les étudiants, en ce sens que ceux-ci suivant un enseignement, ils peuvent avoir à abandonner leur emploi ou, tout au moins, à réduire leur temps de travail. Ils renoncent à des revenus immédiats pour acquérir un niveau d'instruction plus élevé.

A ce stade de l'analyse, nous pouvons proposer une liste d'indicateurs en ne considérant que l'aspect « coûts » des activités d'enseignement et de recherche[10]. Ces indicateurs seront utilisés dans le cadre du suivi et de l'évaluation du projet.

Ensemble d'indicateurs de coût pour l'enseignement et la recherche

	Abstraction faite du projet	Compte tenu du projet
Activités d'enseignement		
Coûts par étudiant en équivalent plein-temps (EPT)	____	____
Coûts administratifs par étudiant en EPT	____	____
Coûts de bibliothèque par étudiant en EPT	____	____
Coûts des résidences universitaires par étudiant en EPT	____	____
Coûts des installations universitaires par étudiant en EPT	____	____
Coûts des équipements par étudiant en EPT	____	____
Coûts par étudiant diplômé	____	____
Activités de recherche		
Coûts d'équipement par équipe enseignante ou département de recherche	____	____

© OCDE 2002

2.   *Analyse coût-efficacité*

Nous considérons les rapports coût-efficacité internes et externes. Une distinction est en effet opérée au sein de la production éducative, en ce sens que les indicateurs sont considérés comme internes si les résultats observés sont directement liés à l'enseignement, et comme externes si les résultats sont liés aux performances sur le marché du travail ou en termes d'insertion sociale. Cette analyse comprend deux étapes différentes qui peuvent être réalisées indépendamment, à savoir l'analyse de l'efficacité du système et de son coût sous l'angle interne d'une part, et sous l'angle externe d'autre part.

Nous définissons le rapport coût-efficacité interne comme étant le rapport entre le coût par étudiant et la qualité de la production éducative. Nous évaluons le rapport coût-efficacité pour les activités d'enseignement et de recherche[11]. Pour évaluer l'efficacité de l'enseignement, nous pouvons utiliser le pourcentage de réussite à la fin de chaque cycle. Divers indicateurs d'efficacité peuvent être utilisés dans le cas de la recherche. Nous pouvons par exemple utiliser le nombre d'ouvrages ou d'articles publiés dans des revues universitaires par membre du personnel enseignant dans chaque unité de recherche, le nombre de brevets, ou la valeur totale des revenus internes engendrés par la recherche par membre du personnel enseignant dans chaque unité de recherche.

Le rapport coût-efficacité externe se fonde sur la comparaison des coûts de l'éducation et des avantages considérés comme externes à la production éducative, telle qu'une productivité et des rémunérations plus élevées ou l'insertion sur le marché du travail. En d'autres termes, le rapport coût-efficacité externe se réfère à la capacité des universités de produire des étudiants à même de trouver un emploi, au regard du volume de fonds injectés dans le système. Pour évaluer l'efficacité externe, nous utilisons l'inverse du taux de chômage dans la population des diplômés de l'enseignement supérieur.

Après avoir actualisé les avantages et les coûts internes et externes, nous devons comparer le rapport coût-efficacité dans les deux cas. La modernisation et l'agrandissement des bâtiments universitaires seront rentables si le rapport coût-efficacité est supérieur à celui qui serait enregistré en maintenant la situation actuelle.

3.   *Taux de rendement économique*

Il importe d'actualiser les avantages et les coûts intervenant à des moments différents. On considère différents scénarios et l'on observe leurs effets sur le taux de rendement économique. Si ce taux n'est pas très sensible aux hypothèses, cela veut dire qu'il faut absolument mettre en œuvre le projet.

© OCDE 2002

	Années					
	0	1	2	3	4	5-25
Avantages						
Accroissement des gains						
Revenus supplémentaires issus de la recherche						
Coûts						
Construction						
Salaires et autres dépenses récurrentes						
Coûts de subsistance						
Pertes de gains						
Taux de rendement économique						

4. *Suivi et évaluation*

Le suivi du projet se fondera sur les différents indicateurs de performance utilisés dans l'analyse coût-efficacité. L'analyse sera réalisée cinq ans après l'achèvement des travaux (en supposant que cinq ans représentent le nombre moyen d'années pour terminer des études supérieures).

Indicateur	En début de projet	Après achèvement des travaux	
		A la fin de chaque année universitaire	A la fin de chaque cycle d'étude
Programme de construction et d'équipement		✓	
Taux d'utilisation des bâtiments universitaires	✓	✓	✓
Taux d'utilisation des bibliothèques	✓	✓	✓
Durée effective des études	✓		✓
Nombre de diplômés de l'enseignement supérieur	✓		✓
Nombre de brevets	✓	✓	
Nombre de publications	✓	✓	

© OCDE 2002

Notes

1. Cette étude se fonde sur des méthodes d'évaluation des investissements éducatifs mises au point par la Banque européenne d'investissement (BEI) et sur divers rapports d'évaluation concernant des projets éducatifs établis par L. de Almeida Ferreira et E. Kazamaki Ottersten (les opinions exprimées dans cet article sont celles des auteurs et ne reflètent pas nécessairement celles de l'institution à laquelle ils appartiennent).

2. Earthman G. (1998), « L'état physique des constructions scolaires : incidence sur les résultats et le comportement des élèves », communication présentée à la conférence internationale sur l'évaluation des investissements en équipements éducatifs, BEI/OCDE, 16-17 novembre 1998, Luxembourg.
   Ministère de l'Éducation des États-Unis (1999), « *Impact of Inadequate School Facilities on Student Learning* ».

3. Bradley S. et Taylor J. (1998), « *The Effect of School Size on Exam Performance in Secondary Schools* », Oxford Bulletin of Economics and Statistics, 60, 3, pp. 291-324.

4. On entend par loisirs toutes les activités qui se déroulent en dehors du marché du travail et qui peuvent être soit productives (activités éducatives ou domestiques) soit non productives.

5. L'autre approche, centrée sur la fonction de rémunération, estime le taux de rendement en procédant à une régression du logarithme des gains annuels par rapport aux années d'études et à d'autres variables ; le taux de rendement est alors donné par le coefficient estimé des années d'études. Des études empiriques récentes ont essayé d'évaluer l'impact des compétences ainsi que du milieu socio-économique et familial sur le taux de rendement estimé. La mise en œuvre d'une telle analyse empirique nécessite l'existence d'une base de données complète pour chaque pays européen et s'apparente à une évaluation *a posteriori* des investissements, laquelle ne permet pas d'anticiper de façon fiable le taux de rendement futur dans un cadre dynamique.

6. Pour un examen de l'application d'indicateurs de performance à l'enseignement supérieur, voir Cave *et al.* (1997).

7. *Private Finance Initiative* (Initiative de financement privé).

8. Voir aussi Grout (1997), OXERA (1996).

9. Dans l'estimation des dépenses privées, nous incluons les frais d'achat de manuels et de fournitures, les droits d'inscription et les frais de transport.

10. Au niveau de l'enseignement supérieur, l'estimation des dépenses est fortement conditionnée par l'organisation et le traitement de la recherche scientifique. Les études font apparaître deux approches. La première considère que la recherche et l'enseignement sont des produits solidaires et « indissociables » : un enseignement supérieur de qualité est associé à une recherche de niveau élevé. C'est pourquoi nous

© OCDE 2002

inclurons dans ce sens, dans les dépenses d'éducation, les crédits affectés à la recherche dans l'enseignement supérieur. En revanche, l'autre approche considère que l'enseignement supérieur produit deux services distincts qui répondent à des demandes différentes et qui peuvent être assurés séparément. Ainsi, certains programmes d'études supérieures n'incluent pas de recherche et, inversement, une partie des activités de recherche sont réalisées en dehors des structures éducatives. En pareil cas, nous devons comptabiliser à part les crédits affectés à la recherche. Cela étant, comme les activités d'enseignement et de recherche sont souvent combinées, nous devons nous fonder sur des approximations et attribuer de manière arbitraire à chacune de ces deux fonctions une part des dépenses afférentes aux salaires des chercheurs-enseignants et des ressources provenant d'autres sources de financement des universités, sauf si des études spécifiques sont disponibles.

11. Pour prendre en considération les résultats multiples du processus éducatif, à savoir l'enseignement et la recherche, nous pouvons avoir recours à une analyse coût-efficacité pondérée. Nous appliquons alors différents coefficients de pondération à chaque résultat. En divisant les résultats pondérés par le coût unitaire de l'intervention correspondante, nous obtenons le rapport pondéré coût-efficacité. Cette approche a pour faiblesse évidente le caractère subjectif du choix du coefficient de pondération affecté à chaque dimension.

© OCDE 2002

Références

ANGRIST, J.et LAVY, V. (1999),
« Using Maimonides' Rule to Estimate the Effect of Class Size on Scholastic Achievement », Quarterly Journal of Economics, 114(2), mai, pp. 533-75.

BRADLEY, S. et TAYLOR, J. (1998),
« The effect of school size on exam performance in secondary schools », Oxford Bulletin of Economics and Statistics, 60, 3, pp. 291-324.

BURT, S. (1999),
« Education: Building for the Future », Private Finance Initiative Journal, 4(1), mars-avril, pp. 14-15.

CAVE, M., HANNEY, S. et KOGAN, M. (1997),
The Use of Performance Indicators in Higher Education. A Critical Analysis of Developing Practice, 3ᵉ édition, éd. Jessica Kingsley, Londres.

DEROUET-BESSON, M.C.(1998),
Les Murs de l'école – Éléments de réflexion sur l'espace scolaire, éd. Métailié, Paris.

EARTHMAN, G. (1998),
« L'état physique des constructions scolaires : incidence sur les résultats et le comportement des élèves », L'évaluation des investissements en équipements éducatifs, PEB/OCDE, Paris 2000, pp. 193-207.

GROUT, P.A. (1997),
« The economics of the Private Finance Initiative », Oxford Review of Economic Policy, 13(4), pp. 53-66.

KRUEGER, A. (1999),
« Experimental Estimates of Education Production Functions », Quarterly Journal of Economics, 114(2), mai, pp. 497-532.

KRUEGER, A. et WHITMORE, D. (2001),
« The Effect of Attending a Small Class in the Early Grades on College Test Taking and Middle School Test Results: Evidence from Project STAR », Economic Journal, 111(468), janvier, pp. 1-28.

OXERA (1996),
Infrastructure in the UK: Public Projects and Private Money, Oxford.

US DEPARTMENT OF EDUCATION (1999),
« Impact of Inadequate School Facilities on Student Learning ».

© OCDE 2002

Conclusions

par

John MAYFIELD

Critères utilisés pour évaluer le financement des dépenses en capital et des dépenses de fonctionnement dans les équipements éducatifs

Les exposés faits lors du séminaire et les débats de groupe ont conduit à élaborer une liste de critères qui pourraient permettre d'évaluer les atouts et les insuffisances du financement des équipements éducatifs. Il n'existe pas une seule bonne méthode pour financer les équipements éducatifs. Chaque autorité compétente dans ce domaine dispose de moyens légitimes particuliers pour déterminer le montant des dépenses allouées à l'éducation et les modalités de répartition des financements en question. La liste indicative suivante, qui reflète les tendances observées à l'échelle internationale et qui confirme les éléments fondamentaux d'un processus judicieux de financement, sera utile pour déceler les atouts des procédures de financement adoptées par les différents pays et les aspects susceptibles d'être améliorés.

1. Optimisation des ressources financières

Dans la mesure où certaines évolutions, la formation tout au long de la vie par exemple, augmentent la demande d'équipements éducatifs alors que parallèlement les fonds disponibles sont limités, et dans certains cas, en baisse, il est désormais impératif que les décisions de financement conduisent visiblement à l'utilisation optimale des ressources financières. Toute évaluation du financement des bâtiments, ateliers et matériels éducatifs (y compris des nouvelles technologies de l'information et des communications) doit tenir compte de l'optimisation des ressources et prendre en considération les résultats obtenus ainsi que les coûts des moyens mis en œuvre.

Les liens entre les dépenses en capital et les dépenses de fonctionnement sont un élément essentiel de cet aspect du financement et toute analyse de la valeur ajoutée par les dépenses en capital devrait notamment porter sur les conséquences récurrentes dans le temps des décisions prises concernant ce type

© OCDE 2002

de dépenses. Les débats ont permis d'identifier les points suivants comme particulièrement importants :

- L'investissement initial dans la conception et dans la qualité des matériaux lequel doit être suffisant pour permettre d'éviter des travaux coûteux d'entretien et de réparation à un stade précoce, en particulier dans les zones rurales.

- Les stratégies visant à faire face à l'évolution rapide et imprévisible de la nature et de l'ampleur de la demande d'équipements éducatifs.

- Les stratégies destinées à tenir compte du taux élevé d'obsolescence, en particulier dans le domaine des technologies de l'information et des communications.

Dans plusieurs pays, les décisions relatives aux dépenses en capital sont encore prises indépendamment de celles qui portent sur les dépenses de fonctionnement. Cette situation conduit inévitablement à des gaspillages, mais les traditions relatives aux procédures de mobilisation et d'affectation des fonds publics sont si fortes que, dans certains cas, il est peu probable que soit adoptée une vision plus appropriée des dépenses en capital et de fonctionnement en rapport avec les bâtiments. Il y a donc lieu de croire que la rentabilité des investissements continuera d'être plus faible que nécessaire.

Les chapitres sur le Canada et l'Espagne corroborent la nécessité de mesurer les résultats des investissements en capital et d'en calculer la rentabilité. Ils attirent l'attention sur l'absence de méthode, largement admise, pour mesurer le rapport qualité-prix des bâtiments éducatifs. C'est un domaine dans lequel un effort de collaboration en matière de recherche et développement serait rentable, en particulier s'il conduit à l'élaboration d'un ensemble de critères comparatifs, au regard desquels le rapport qualité-prix pourrait être mesuré et suivi à long terme et dans les différents pays.

Il est signalé que nous sommes à présent dans l'incertitude en ce qui concerne le nombre, la localisation et la nature des équipements éducatifs dont nous aurons besoin à l'avenir. Dans le passé, la construction d'un établissement scolaire, par exemple, ou plus encore d'une université constituait un investissement en capital censé durer pendant très longtemps. Avec les nouvelles technologies éducatives, les nouvelles cohortes d'apprenants de tous âges et les nouveaux partenaires dans la prestation des services de formation, les équipements fournis aujourd'hui pourraient ne plus être nécessaires ou s'avérer inadaptés à relativement brève échéance. Il est donc plus urgent et, par un certain nombre d'aspects périlleux, de calculer des facteurs tels que le rendement des investissements, l'efficience, les rapports entre les dépenses en capital et les dépenses de fonctionnement liées aux bâtiments, et de procéder à une évaluation générale du rapport global qualité-prix à partir des décisions de financement.

© OCDE 2002

2. Cohérence

On a identifié une tendance à déléguer des pouvoirs de décision de plus en plus nombreux en matière d'enseignement public à l'échelon local et aux établissements. Signalé dans l'exposé de F. Ferrer, ce déplacement général des pouvoirs de décision du centre vers les régions et de là vers les autorités locales, les villes, les communes et les établissements est souvent inégal et ne va pas toujours de pair avec le transfert des moyens financiers, en particulier pour les dépenses en capital. De bonnes raisons expliquent pourquoi l'affectation et le suivi des dépenses de fonds publics sont considérés comme l'une des dernières fonctions se prêtant à la délégation des pouvoirs de décision.

Des problèmes se posent toutefois lorsque les décisions au sujet des programmes d'enseignement, de l'organisation de la scolarité, de la gestion des ressources humaines, de l'entretien des bâtiments éducatifs et de l'utilisation des équipements par des organismes non scolaires, entre autres aspects, sont prises localement alors que celles qui concernent le financement des installations éducatives le sont à l'échelon régional ou central ou, dans certains cas, par des services sans rapport avec l'école au sein de l'administration publique.

Ces problèmes se trouvent exacerbés dans les cas faisant intervenir plusieurs secteurs. Comme l'a fait observer un groupe de discussion : « Comment pouvons-nous prendre de bonnes décisions au sujet des bâtiments alors que nous ne sommes pas ceux qui prennent les décisions au sujet de l'usage fait de ces bâtiments ? » La solution à bon nombre de ces problèmes passe toujours par la consultation, la collaboration et la coordination. Jamais les centres de décision ne coexisteront pour toute la gamme d'activités qui influent sur les équipements éducatifs.

Il vaut la peine, cependant, de vérifier les mécanismes en jeu dans le financement des installations éducatives afin de déterminer les principales incohérences qui pourraient résulter de tendances plus ou moins marquées à la décentralisation des prises de décision en matière de financement et de gestion du parc immobilier de l'éducation. S'il est vrai que la tendance à déléguer les pouvoirs de décision à l'échelon local s'est considérablement accélérée, un certain nombre de participants, notamment de Belgique, d'Espagne et de France, ont fait observer que la gestion des aspects des bâtiments éducatifs en rapport avec les dépenses en capital et les dépenses de fonctionnement peut exiger des connaissances et des qualifications qui n'existent pas nécessairement à l'échelon local. Parallèlement à la délégation des pouvoirs de décision, l'administration centrale doit impérativement assurer des activités de formation, un apport adéquat d'informations de nature à faciliter les prises de décision, et des activités de suivi.

105|

© OCDE 2002

3. Certitude

Pour prendre des décisions en toute confiance, la première étape consiste à mettre en place un mécanisme intelligible, transparent et prévisible de telle sorte que les intéressés puissent suivre étape par étape le déroulement des prises de décision concernant le financement.

Dans certains pays, une grande incertitude plane sur le financement des équipements éducatifs du fait que l'approbation des projets d'équipement et le processus politique ont de tout temps été liés. Ces liens vont sans doute subsister et la planification prospective des dépenses en capital ne manquera pas de ce fait de poser un problème. L'objectif est par conséquent de trouver les moyens de renforcer la certitude d'un programme prévisionnel en :

- Diminuant le nombre de décisions qui, sous une influence politique, risquent d'être modifiées.
- Forgeant des partenariats avec des groupes (différents secteurs de l'économie, d'autres secteurs du système éducatif, des organisations sportives, des services d'administration locale, etc.) selon des modalités qui contraignent toutes les parties prenantes à atteindre le niveau donné de performance à l'avenir.
- Mettant au point entre les parties concernées des accords officiels en matière de construction, d'entretien, de gestion et de services opérationnels de telle sorte que l'avenir soit prévisible et plus certain.

Les services centraux des administrations publiques chargées de l'éducation et du financement devront acquérir de nouvelles compétences et utiliser de nouveaux modes de fonctionnement alors que les pouvoirs de décision sont transférés à l'échelon local et répartis entre des groupes dont certains peuvent échapper à la tutelle des autorités de l'éducation. Là encore, ces tâches exigent des compétences qu'il faudra développer chez les personnes susceptibles, à l'échelon local, de prendre part à la planification et au fonctionnement des bâtiments éducatifs.

4. Équité

Le séminaire fait clairement ressortir qu'équité n'est pas synonyme de traitement égal pour tous. Des plans normalisés et les mêmes types de construction reproduits en de multiples exemplaires dans différentes villes d'un même pays ne déboucheront vraisemblablement pas sur des services justes, équitables, appropriés ou rentables.

En revanche, les différences constatées lorsque des types de bâtiments scolaires sont adaptés aux besoins de chaque communauté donnent souvent lieu à des allégations de favoritisme et de traitement spécial. En effet, on peut *a priori*

© OCDE 2002

raisonnablement s'attendre à ce que des communautés de taille identique (même nombre d'élèves) bénéficient des mêmes bâtiments ou du moins des mêmes moyens pour financer des bâtiments éducatifs.

Toutefois, comme l'a fait observer F. Ferrer, le nombre d'élèves est un facteur qui désormais compte moins dans le financement des services éducatifs dans la mesure où l'intérêt se déplace vers l'égalité des résultats et où l'on tient compte des écarts dans la situation initiale. Les solutions qui aboutissent à l'uniformité ne conduisent probablement pas à l'équité. Comme l'a fait remarquer le groupe de R. Carrier, assimiler l'uniformité à l'équité est une illusion et le principal objectif est de mettre au point un mécanisme transparent, intelligible et explicable pour mesurer et communiquer des indicateurs de résultats (en plus des indicateurs portant sur les moyens mis en œuvre) et de rationaliser autant que faire se peut le débat sur la question de savoir si telle ou telle communauté a fait l'objet d'un traitement équitable.

En définitive (une fois la décentralisation opérée), il incombe toujours à l'administration centrale de s'assurer de l'égalité d'accès et de l'égalité des chances devant l'enseignement pour tous. Il vaut la peine de noter à cet égard que le financement central des bâtiments éducatifs (qui a été la norme pendant longtemps dans la plupart des pays) n'a pas en soi assuré l'équité ou l'égalité d'accès ni d'une façon générale une conception de grande qualité ou un fonctionnement particulièrement efficace de ces bâtiments. On constate souvent une certaine uniformité – en particulier des bâtiments scolaires –, mais rien ne permet d'affirmer que cette caractéristique conduit à l'équité ou la normalisation à l'égalité des chances. Si l'on va plus au fond des choses, une corrélation étroite subsiste entre le milieu social et le prestige d'un établissement scolaire. Le fait de simplement doter un établissement scolaire en ressources humaines ou matérielles ne semble pas avoir pour effet de combler autant qu'on l'espérait les écarts de richesse.

Globalement, la diversité et la qualité de l'éducation s'améliorent mais, comme le font remarquer un certain nombre d'organisations (l'UNESCO, la Banque mondiale par exemple), il semble qu'il y ait un développement à deux vitesses. Il importe de vérifier si les méthodes employées pour financer les équipements éducatifs peuvent contribuer à une plus grande équité et à des résultats plus justes.

5. Adaptabilité

Tous les groupes placent le critère d'adaptabilité en bonne place dans la liste des caractéristiques qu'ils jugent souhaitables dans n'importe quel système de financement des équipements éducatifs. L'un des groupes souligne que l'adaptabilité doit être évaluée plutôt en fonction des résultats pratiques que d'une quelconque analyse théorique des procédures. L'exercice, effectué à l'échelon local,

107|

© OCDE 2002

doit avoir pour but de déterminer si les équipements éducatifs fournis répondent en fait aux besoins réels.

Des exemples empruntés au Mexique, à la Nouvelle-Zélande, à l'Autriche, à la Belgique et à l'Australie attirent notre attention sur les difficultés qui se font jour alors que certaines des tendances, signalées par F. Ferrer, ont un impact sur plusieurs pays. Il est en particulier probable que les éléments nouveaux indiqués ci-dessous remettent en cause les règles et procédures classiques applicables au financement des équipements éducatifs.

- Les nouveaux apprenants – les bâtiments qui ont été financés pour un groupe donné d'apprenants (les élèves de l'enseignement primaire, par exemple) devront à l'avenir accueillir des apprenants de tous âges à mesure que la formation tout au long de la vie se généralisera.

- Les nouveaux prestataires – de nombreux équipements éducatifs financés par l'État sont à présent utilisés par des prestataires privés, ce qui pose des questions importantes : à qui appartiennent les bâtiments éducatifs financés par des fonds publics ? Qui peut les louer et qu'advient-il des recettes récoltées ?

- Les nouveaux partenaires – alors que jadis les autorités scolaires relevant de l'administration centrale finançaient et possédaient les équipements éducatifs, il s'instaure à présent des partenariats de plus en plus divers dans lesquels interviennent le secteur privé, les administrations locales et autres organismes de services aux personnes, qui tous entendent exercer un droit de regard sur les décisions relatives aux équipements éducatifs.

- Les nouvelles dispositions liées au fonctionnement – alors qu'il était autrefois possible de déterminer le financement des aspects liés au fonctionnement (nettoyage, énergie, sécurité, entretien) en partant de l'hypothèse que l'équipement était en service de huit heures à seize heures par exemple, à présent de nombreux équipements sont utilisés pendant un plus grand nombre d'heures. Certaines installations fonctionnent 24 heures sur 24, sept jours sur sept.

- Les nouvelles dispositions liées à l'organisation – parmi lesquelles le regroupement de petits établissements scolaires en milieu rural, la priorité donnée à l'éducation de la petite enfance, la réapparition de l'enseignement professionnel et l'évolution rapide du rôle des établissements scolaires en tant que centres locaux de formation tout au long de la vie.

L'adaptabilité et la flexibilité sont des caractéristiques difficiles à instaurer. Toutefois, comme nous l'avons vu, le contexte dans lequel les équipements éducatifs sont financés connaît des changements très rapides et complexes. Il n'est guère utile de passer en revue les procédures existantes en vue de remplacer des

© OCDE 2002

théories désuètes par une nouvelle série de procédures qui, à très brève échéance, seront également dépassées.

Ce qui apparaît souhaitable, c'est une capacité intrinsèque d'adaptation, une souplesse inhérente des modes de fonctionnement et une culture prévoyant que les solutions retenues soient non seulement adaptées aux besoins locaux, mais également soumises à un processus naturel d'examen et de renouvellement basé sur une évaluation permanente de la diversité et de la qualité des équipements éducatifs existants.

6. Évaluation

Il est nécessaire de consacrer des recherches à la fourniture d'équipements éducatifs (modes et résultats) en privilégiant en particulier :

- La recherche sur les liens fondamentaux entre les équipements éducatifs (bâtiments, matériels, TIC) et les résultats de l'enseignement. S'il est vrai que des rapports récents provenant des États-Unis (*Office of Education*) donnent à penser que des liens existent entre l'amélioration des équipements et celle des résultats dans l'enseignement, on continue de s'interroger sérieusement sur les raisons de cette situation et à se demander si des bâtiments (plus coûteux) font réellement une différence.

- L'évaluation de l'efficience et de l'efficacité avec lesquelles les bâtiments éducatifs sont fournis dans le secteur public. Certains éléments récents tels que l'existence d'équipements excédentaires, les fermetures controversées d'établissements scolaires, le vandalisme, les incendies criminels et les écarts de dotation sans cesse plus grands entre bâtiments nouveaux et anciens ont amené à se demander si les organismes publics chargés de l'éducation parviennent à faire une utilisation optimale des deniers publics.

- L'impact des nouvelles technologies de l'information et des communications sur le secteur tout entier de la conception, de la construction et du fonctionnement des équipements éducatifs.

Dans sa description des activités de la Banque européenne d'investissement dans le domaine du financement des équipements éducatifs, A. Auria attire l'attention sur diverses techniques d'évaluation des investissements. Il met en lumière la nécessité d'améliorer les méthodes utilisées pour évaluer les équipements éducatifs non seulement d'un point de vue architectural ou éducatif, mais également dans l'optique de l'investissement dans le capital humain ou le capital social à l'échelon de la collectivité.

109|

© OCDE 2002

Il y a lieu que les pays de l'OCDE relèvent ce défi et définissent en collaboration des activités de recherche et d'évaluation afin d'orienter la réforme du financement des équipements éducatifs.

7. *Patrimoine et environnement*

Le financement des équipements éducatifs contribue-t-il de façon positive à la réalisation des objectifs culturels, historiques et environnementaux ?

Le magnifique cadre historique de Tolède permet de rapidement se rendre compte comment il est possible de coordonner les dépenses affectées aux équipements éducatifs publics avec les exigences liées à la conservation du patrimoine, qui sont importantes et permanentes. Le bâtiment occupé par la bibliothèque de Tolède illustre parfaitement comment un bâtiment d'une immense valeur historique peut également servir un objectif éducatif d'aujourd'hui.

Les deux exemples ci-dessous permettent de montrer comment des méthodes créatives peuvent ajouter de la valeur à des dépenses au titre d'équipements éducatifs.

1. Une nouvelle école primaire a été construite à grands frais à côté d'un moulin historique ayant grandement besoin de travaux de conservation. Une stratégie plus créative aurait consisté à intégrer le moulin dans la nouvelle construction de l'école primaire et à créer ainsi un environnement pédagogique beaucoup plus stimulant tout en affectant dans le même temps des fonds au secteur de la conservation du patrimoine historique. Le problème en l'occurrence tenait à l'absence d'incitation à coordonner les dépenses entre différents domaines de compétences.

2. Un projet entrepris dans un esprit beaucoup plus créatif par un grand établissement d'enseignement privé consiste à investir dans un petit village rural au lieu de dépenser une somme équivalente pour créer un nouveau centre d'études environnementales dans une région sauvage voisine. Ainsi, plusieurs bâtiments historiques délabrés situés dans le village ont été restaurés et de nouveau utilisés. Les études environnementales ont pris un sens nouveau.

Cet aspect de la liste indicative a pour objectif de rappeler aux responsables du financement des équipements éducatifs de vérifier explicitement si des possibilités existent ou peuvent être créées de coordonner le financement des équipements éducatifs avec les travaux de conservation de sites historiques, la protection de l'environnement naturel et la mise en valeur des espaces (en particulier des espaces ouverts) dont peuvent profiter les élèves et les étudiants mais aussi la collectivité en général.

© OCDE 2002

8. Nouvelles formes de propriété

Le mode de financement traditionnel des équipements éducatifs dans de nombreux pays a abouti au fait que ces équipements appartiennent en totalité à l'État qui assume aussi en totalité leur fonctionnement et leur entretien. Cette situation évolue dans la mesure où les autorités cherchent à trouver un meilleur équilibre entre des modes d'occupation tels que le crédit-bail, la location ou la copropriété ainsi que les dispositions de type traditionnel.

En période de mutation rapide et d'incertitude, la propriété d'actifs immobilisés, notamment de bâtiments et de matériel (d'ordinateurs par exemple) affectés à une seule utilisation comporte un risque financier non négligeable. Il est essentiel que la stratégie adoptée pour financer les équipements éducatifs prévoie la gestion de ce risque.

Le secteur privé est un point de référence dans toute évaluation de la gestion du risque en matière de financement des équipements éducatifs. Une comparaison entre les méthodes classiques de financement des équipements éducatifs publics a des chances d'aboutir à un nouvel équilibre entre la propriété pure et simple et des formes de location en crédit-bail (à moyen terme) des bâtiments, des ateliers et du matériel (notamment des ordinateurs) dans le secteur public. Là encore, des travaux de recherche et développement s'imposent au sujet des grandes orientations et des pratiques exemplaires afin de définir des critères à l'usage des responsables du financement des équipements éducatifs.

9. Mobilisation de nouvelles sources de financement

De nouvelles sources de financement (en particulier en capital) sont mobilisées pour mettre en place des équipements éducatifs dans un nombre croissant de pays. L'expérience montre que les investisseurs privés peuvent être attirés vers le marché de l'éducation grâce à des dispositifs de crédit-bail et de cession-bail intéressants d'un point de vue commercial. La contribution de la Banque européenne d'investissement au séminaire a utilement permis de mieux cerner la proposition générale selon laquelle le secteur privé souhaite à présent investir dans les équipements éducatifs, ce qui stimulerait l'offre totale de moyens financiers.

On recense également de nombreux exemples de mise en commun des ressources, ce qui permet de disposer d'équipements beaucoup plus variés et de bien meilleure qualité que cela n'aurait été possible si les groupes de participants avaient agi seuls. Parmi les exemples cités à cet égard figure la collaboration entre les différents secteurs de l'éducation, mais aussi avec les administrations locales, d'autres prestataires privés de services éducatifs et le secteur municipal des bibliothèques.

111

© OCDE 2002

Les entreprises privées sont une autre source potentielle de financement des équipements éducatifs, des exemples intéressants ayant été cités par le Mexique, l'Australie, le Royaume-Uni et la Nouvelle-Zélande.

L'objectif en l'occurrence est plutôt de se demander si tel ou tel projet d'équipement est en mesure d'attirer des sources supplémentaires de financement en raison de ses mérites, que de prescrire une stratégie fixe applicable à tous les nouveaux projets. Certains projets seront plus intéressants pour le secteur privé tandis que d'autres devront dépendre entièrement de financements publics. Toutefois, les responsables du financement des équipements éducatifs doivent être à l'affût des possibilités – et des risques concomitants – qui s'offrent d'attirer de nouvelles sources de financement dans ce domaine où la pénurie de moyens financiers de type classique risque de se poursuivre.

© OCDE 2002

Issues

Systems for the financing of expenditure on educational facilities vary according to the situation, but the essential issues are the same in all countries. Policy-makers need to be able to identify accurately where expenditure is required, to put in place efficient systems of resource allocation and to evaluate the use made of the money invested.

Although most systems make a clear distinction between the initial capital cost of buildings and the ensuing running costs, the two cannot be considered in isolation. There are strong links between decisions on initial expenditure and the cost of subsequent maintenance.

Hitherto the provision of educational facilities, especially for compulsory education, has been almost exclusively a public sector responsibility, but increasingly the potential of private financing sources is being investigated. Some progress has been made in combining public and private sources of finance. And there is a growing emphasis on the appraisal of investment, expressing the need for tools of evaluation such as indicators.

The procedures for allocating resources are intricately linked with the structure of government from national to institutional level. In common with other OECD countries, the seminar's host country, Spain, has recently granted much greater responsibility for educational provision to its constituent regions.

The purpose of the seminar was to examine various funding systems in the field of education and to give participants the opportunity to study current and foreseen international developments, to exchange experience and to draw conclusions for their own work. They met their counterparts from other OECD countries and learned about different approaches to the financing of educational facilities. Keynote speakers analysed the broad trends and identified the issues which needed addressing, and case studies from a number of OECD countries were presented.

There was an acceptance that different countries would go about things in different ways. There was respect for the differences which have emerged from their special histories and unique circumstances and a search for a set of considerations which might be useful as a reference framework for local, regional and national levels and for administrators working across country boundaries.

© OECD 2002

The main questions which the seminar addressed are the following:

- How are funds in the field of educational facilities provided? Which institutions, organisations, etc., public or private, are responsible for providing funds necessary for the building, renovation and maintenance of educational buildings? What are the implications for the planning and design of the buildings?

- How are the funds allocated? What are the various criteria used in the different OECD countries?

- At what levels – local, regional, national – are the various steps of the allocation process situated?

- How can investments in educational buildings be evaluated? How can indicators be provided for an efficient evaluation?

- What are the practical implications of the funding system for planning and management of educational facilities?

© OECD 2002

Financing Expenditure on Education: Trends and Latent Problems

by

Ferrán FERRER

Professor of Comparative Education, *Universidad Autónoma de Barcelona*

Background

Reviews of education funding always have to take account of two sets of factors that very significantly determine the circumstances in individual countries. On the one hand there are extrinsic factors, in the context surrounding the education system. Here we may point to economic conditions (crisis or boom), social inequalities, the level of foreign debt, the government's political stance, the tangible effects of economic globalisation and the relocation of economic activity.

On the other hand, we find factors that are intrinsic to the education system and also impact strongly on analysis of education funding. These factors will be discussed in the next section.

A second important observation is that the treatment of financing may well differ from one level of education to another; for example, there are often significant differences between the compulsory and non-compulsory stages. In addition, as we move up the education ladder the economic cost per student is usually higher, so that any generic analysis of educational investment needs to take account of this distinction between stages in the system.

A third point is that financing is not solely a technical issue; it is an ideological one as well, and political parties in individual countries may have various stances on that score. Each reflects a different approach to education.

A further fact to be borne in mind is that, while financing has been addressed in some depth quite recently, few international organisations have paid it long-standing concern. From this standpoint we may highlight the role of the OECD over the last few decades, in particular with regard to preparing indicators for education financing – which has given the Organisation a leadership role in this sphere. We may also point to the substantial contributions of UNESCO – via its

© OECD 2002

International Institute for Educational Planning (IIEP) – the World Bank, and in recent times the European Eurydice network which has conducted valuable research on the financing of higher education.[1] All this makes it clear that the subject before us is a complex one and, at the same time, highly topical, regularly calling into question the very foundations of education systems. We can assert, without fear of contradiction, that the way in which countries and governments finance education quite clearly indicates what model of education system they are seeking to develop.

Last, it may be noted that this paper focuses on OECD Member countries, with particular reference to those within Europe. It may further be noted that the objective pursued below is not so much to identify policies in individual countries as to try and identify the elements that all or most of them have in common, which I shall refer to as *trends*. From that standpoint, it can be said that the ultimate objective of this paper is to provide fresh elements for analysing the range of financing systems, allowing fresh proposals to be put forward for the future.

General aspects of the education system in relation to education funding

The model of education financing is closely related to a set of factors peculiar to the education system that are currently present in many of the countries with which we are concerned here, although they form different combinations in each individual country. For a proper understanding of current trends in education financing we need to identify and analyse those aspects that seem most relevant.

1. The model of education administration and the government's role in education

Nobody now disputes that models of education management are changing significantly in our education systems. Transfers of political power from central education administrations to lower-tier authorities (at regional or municipal level) have materialised in most countries in Europe, although some are still holding out against this trend. Decentralisation of this kind – not without its contradictions and centripetal pressures – stems from a number of factors: in particular the growing withdrawal of central government from areas, such as education, where it had previously shouldered substantial responsibilities. Financing has being clearly affected by this trend: just as the state had traditionally legislated on education, it also supplied funding and management for education systems (F. Delpérée, 1993). As it ceased to hold responsibility in the legislative sphere, its other two functions (financing and management) found themselves in limbo since they were meaningful only inasmuch as central government had final responsibility for education through its legislative powers. We are accordingly on the threshold of significant changes here, due in particular to the widespread devolution of education management.

© OECD 2002

2. The education system: a market model or a public service model

Whether education systems are funded in terms of market criteria or in the light of criteria set out in a national policy for the education system is greatly determined by the degree to which market principles are followed in given countries. The degree to which market principles are established can be seen from a range of indicators such as the degree of diversity in schools and scope for competition among them, their degree of autonomy, the degree of transparency in education results and government action in dealing with schools which are below standard.

3. Position and treatment of the private school system[2]

The history of education systems in European countries on this score differs widely. The position of the public sector varies considerably; for instance, there are countries whose public schools take just 30% of primary pupils, while in others the figure can be over 90%. That quite clearly entails different arrangements for education funding. In cases where private schooling is heavily involved, government funds primary education under its obligation to cover demand in full; in cases where private schooling makes a token contribution to aggregate educational supply, government has more latitude in its financing. As a result, the government's ideological stance, and the value which it places on the social function fulfilled by private schools, will substantially determine the mode of financial treatment of education.

4. The curricular model

The curricular model has a direct bearing on the cost of education, and consequently on the model of financing. We can accordingly note that some curricular models are cheaper and others more expensive. In principle, for instance, the common core model is less expensive than a multi-faceted one. As a general rule, unified models are less expensive than diversified ones. Countries with a policy of integrating handicapped children in ordinary schools have higher costs than those that make separate provision. Arts courses are less expensive than science and engineering ones. Inter-cultural education is more expensive than multi-cultural education: **integration** is more expensive than **assimilation**.

5. Model for evaluating the education system

We can broadly distinguish between two types of approaches to evaluating the education system: one focusing on outcomes, and the other focusing on processes. If a given country prefers evaluation looking mainly at results, education funding will naturally be based, in part at least, on this type of criterion. But when

© OECD 2002

emphasis lies more on the evaluation of processes, financing will naturally be more detached from the evaluation of schooling proper, and be guided by criteria of other kinds.

Similarly, some countries accord greater importance to an evaluation culture while others have only recently included the evaluation of education in their hierarchy of values.[3] As a result the financing model – which has recently become closely linked to evaluation of the education system – will also be strongly affected.

6. Education: a public good or a private good?

As S. Péano (1998) notes, the question of education financing is closely tied up with the view taken of education: is it a **public good** or a **private good**? It is important to recognise that the borderline between the two views is not easy to mark out and ideology is in any case an important factor here. As Péano points out, debates over this issue generally conclude that education is a public good, inasmuch as the results are consumed collectively by society, and at the same time a private good inasmuch as individuals benefit from it.

As can be imagined, political ideologies will place greater emphasis on one aspect or the other. As a result, they will emphasise the importance of leaving educational matters – including the question of financing – in the hands of the government (as public manager), or, on the other hand, to individual initiatives.

General trends in education financing

Having considered the factors in the education system which determine the financing model, we can say that it is determined to a considerable extent by the role allotted to the following components:

- the public authorities and their electors;
- students and their families;
- business and other private agencies.

At the same time, financing education further entails answering other clearly related questions. According to the OECD (1998), there are three key questions for any analysis of the state of education financing:

- How much should be spent on education?
- Who should pay for education?
- How are economic resources allocated?

This section will seek to answer these questions, describing and analysing the picture across a range of countries.

© OECD 2002

The first question is, quite obviously, the one that introduces the greatest demagogic element into debates on education policy, because there is no accepted yardstick for minimum spending by countries. At all events, the reference criterion usually taken is the average for the European Union countries, or for the OECD countries, using one or other of the conventional economic indicators: percentage of GDP allocated to education, expenditure per head (in dollars), etc. The table below can be quite enlightening here.

It can clearly be seen, from the table, which countries are still far from making a reasonable investment in education. It is also enlightening to observe how countries' investment in primary and secondary education compares with their investment in higher education. The differences show the priorities which governments there attach to the various stages in the education system.

Having considered how much countries spend on education, I will now turn to the other two questions: Who should pay for education? How are resources allocated? I will outline ten trends which I believe can be clearly seen in the countries with which we are concerned: government provision of the bulk of education funding; rising cost of education; diversification of funding sources; changes in criteria for funding educational institutions; increased funding of pre-school education; student loans for higher education which are a growing method of funding; strategies to alleviate the impact of economic restrictions in the education sector; linkage of funding and educational efficiency; linkage of funding to the accountability of the education system and schools; different concepts of education funding.

Investment in education as percentage of GDP (1995)

Investment in primary and secondary education in relation to the OECD average (3.7)		Investment in higher education in relation to the OECD average (1.6)		Investment in education in relation to the OECD average (5.9)	
Below	Above	Below	Above	Below	Above
GRC (2.8)	AUS (3.7)	GRC (0.8)	FIN (1.7)	GRC (3.7)	FRA (6.3)
JPN (3.1)	DEU (3.8)	ITA (0.8)	SWE (1.7)	ITA (4.7)	FIN (6.6)
NLD (3.2)	USA (3.9)	AUT (1.0)	AUS (1.8)	JPN (4.7)	SWE (6.7)
ITA (3.2)	ESP (4.0)	JPN (1.0)	USA (2.4)	NLD (4.9)	USA (6.7)
IRL (3.4)	PRT (4.1)	PRT (1.0)	CAN (2.5)	IRL (5.3)	CAN (7.0)
AUT (3.7)	FIN (4.2)	GBR (1.0)		PRT (5.4)	DNK (7.1)
	DNK (4.3)	DEU (1.1)		AUT (5.5)	
	CAN (4.3)	ESP (1.1)		AUS (5.6)	
	FRA (4.4)	FRA (1.1)		ESP (5.7)	
	SWE (4.5)	DNK (1.3)		DEU (5.8)	
		IRL (1.3)			
		NLD (1.3)			

Source: OECD, Education database online.

© OECD 2002

1. Government provision of the bulk of education funding

There is a continuing trend in all countries, independent of the degree of decentralisation and the governing ideology, that the public authorities fund the bulk of the education sector.[4] Funding, which is essential to all levels of the education system, may be conveyed in different ways:

- directly to public schools alone;
- directly to public and private schools (via grants in the latter case);
- directly to families (via strategies such as school vouchers, or tax relief to offset families' education spending);
- in a combination of other forms, such as school vouchers for given schools, whose value varies on the basis of a number of criteria (socio-economic status of families, innovation and quality projects, school location in a depressed area).[5]

2. Rising cost of education

This is due fundamentally to the rising number of students in secondary and higher education.[6] Data on enrolment rates for 14- to 17-year-olds, in 1985 and 1995, speak for themselves and provide a clear picture of the scale of the trend over the past decade:

Enrolment rates, 14- to 17-year-olds, in OECD countries, 1985, 1995

	1985	1995
Austria	86.6	94.5
Belgium	91.8	100.0
Canada	92.5	92.5
Denmark	90.4	92.9
Finland	90.1	95.4
Netherlands	93.0	97.4
New Zealand	74.1	93.7
Norway	90.0	96.1
Portugal	46.2	80.6
Spain	67.3	88.1
Sweden	91.5	97.1
Switzerland	88.5	91.8
United Kingdom	77.8	89.6
United States	92.0	93.0

Source: *Analysis of Education Policies*, OECD/CERI, Paris, 1998 (p. 75).

© OECD 2002

3. Diversification of funding sources

There is a trend towards diversified sources of funding for education. It affects all levels of education, though it manifests itself differently from one level to another. In higher education, for instance, diversification involves business providing resources to institutions to carry out applied research that can yield technological returns to the firms concerned. Direct economic contributions by students to the cost of university education is another form of diversifying revenue sources.

A further aspect is illustrated by the efforts to decentralise education in some countries, which have entailed transferring the management of education funds to lower-tier bodies (regional or local levels); in other countries, the same lower-tier entities (regional or town authorities) have also assumed responsibility for levying taxes earmarked for education (Péano, 1998).

4. Changes in criteria for funding educational institutions

Another question of interest is the criteria on which educational institutions are funded. The method traditionally employed was to take student numbers as the sole criterion. Differences occurred largely between levels (higher expenditure per student at the top end of the education system). In many cases there was also unequal financial treatment: public institutions received more than private ones.[7] This situation is currently changing.

To begin with, the methods applied to subsidise higher education institutions are changing. They are being funded on the basis not just of enrolments but of student outcomes as well. In practical terms, this is a link between **funding** and **efficiency**, the latter being gauged via academic results. The latter are usually measured via two indicators:

- the difference between the theoretical number of years required to complete courses and the time students actually take;
- the proportion of dropouts in total enrolments.

With regard to primary and secondary schools, the changes seem to be occurring in two main directions:

- trend towards equivalent funding for public and private schools (in the latter category, those meeting conditions laid down by the government);
- trend towards changes in the earmarking of appropriations to public schools, which are gaining greater autonomy to manage funds in line with their own objectives.

Another aspect concerns school voucher policies, although these do not seem to be expanding at present given the doubts arising over the likelihood of greater educational inequality, both between schools and between pupils.

121|

© OECD 2002

5. Increased funding of pre-school education

As J.W. Guthrie pointed out when analysing trends in educational reforms for an OECD report (1996), the public authorities are funding a growing portion of pre-school education. A brief look at those countries for which the OECD (1999) had reliable and comparable data for 1990 and 1995 illustrates the substantial rise in these appropriations: all countries except Finland show rises of between roughly 10 and 25%.

Expenditure per pre-school pupil (in USD) in selected OECD countries, 1990, 1995

	1990	1995
Austria	3 169	4 907
Canada	4 884	5 378
Finland	6 967	5 901
France	2 506	3 242
Netherlands	2 650	3 021
Iceland	1 567	2 108
Spain	2 056	2 516
United Kingdom	4 566	5 049

Here we may bear in mind the recommendations by the World Bank in the mid-1990s, that it was very important – in terms of social returns – to invest more heavily in basic education than in higher education. The rates of social return on investment in primary and secondary education are as a rule higher than those in higher education, the Bank said; and investment at the basic level also enhances equity since it tends to reduce income inequalities (1995a).

6. Student loans which are a growing method of funding for higher education

It is curious that the trend noted above (more funding for pre-school education) is occurring at the very same time that countries are tending to switch a significant part of the costs of higher education onto the students and their families. This entails a generous policy of student grants and – more so recently – an expansion in concessionary loans from government. Repayment of these loans by students – or not – depends on two basic factors:

- the academic outcome, gauged either by the number of years a student stays in the establishment, or by the percentage of courses or modules passed each year;

© OECD 2002

- the student's subsequent income, once he has entered the labour market. The aim here is to link the loan to the individual benefit which the student has derived from taking a higher education course with government assistance.

At all events, and as noted earlier, it can be said that a growing proportion of government expenditure at this level of education goes on grants and above all on loans. In other words, there has been a shift in the direction of education funding, with funds not going simply to the establishments but also directly to the students there.

7. Strategies to alleviate the impact of economic restrictions in the education sector

Efforts to cope with the funding constraints which most countries are applying to their education sectors usually employ three types of strategies (Péano, 1998):[8]

- better use of existing resources, changing the parameters for the provision of educational services (for example by closing down high-cost schools, merging schools in rural areas, the use of ICTs in teaching, etc.);
- better management and administration of the education system;
- securing funds from new sources (for instance by agreements with business, parents' groups, etc.).

8. Linkage of funding and educational efficiency

There is also emphasis at present on enhancing education funding through greater efficiency in education systems. A system's efficiency can be gauged, in technical terms, using a number of parameters; at the same time, they are usually economic rather than socio-cultural. There is for instance emphasis on reducing rates of education failure (measured by repeating classes and school dropouts), on account of the negative economic repercussions that it has. It is pointed out that reducing the failure rate improves labour market integration for school leavers, so that the economic return from the process is enhanced.

All this implies qualifying education, in economic terms, as a **profitable investment**; at the same time, that principle has been questioned, explicitly or implicitly, on numerous occasions in the past 20 years.[9]

9. Linkage of funding to the accountability of the education system and schools

The linkage between funding and efficiency may be accompanied – and is in fact being accompanied today – by reporting to society on the use actually made of the resources allocated to education. In a climate of increasing transparency for what is "produced" in the education system, society proclaims that funding and good results are the two sides of the same coin; in other words, funding will not be

© OECD 2002

available unless good results are tangibly produced.[10] It is no surprise, accordingly, that under this impetus to obtain tangible results (and fund according to results) some countries are proposing to introduce new forms of financing – heavily questioned – that break clearly with the past; among these, we may mention performance-related pay (PRP) for teachers. As we shall see further on, this method of paying teachers by results has its advantages and its drawbacks.

10. Different concepts of education funding

Changes here focus on three dialectics:

1. Education as investment rather than expenditure: This clearly implies a change of concepts when preparing government budgets and when discussing the advisability (or not) of increasing appropriations for education and changing their allocation.

2. Education as cultural investment rather than economic investment: Starting from the previous principle, seeing education as investment, one question that arises is whether the investment is made in order to educate people or simply to integrate them properly into the labour market. The latter has obviously been the most important argument in recent years for raising – or at least not reducing – appropriations for education. As the OECD has clearly shown in a range of research,[11] investing in education is a good economic investment since it is a decisive factor in a country's economic growth. Yet the rise in civic problems in our societies again points us back to the roots of education and to the need not to overlook its contribution to citizenship, by propounding sound values and providing a broad basic culture.

3. Education as long-term rather than short-term investment: This view of education, implying that the investment's effects are observed only over periods of time – in a world where immediate returns from investment are increasingly being sought – is gradually being accepted in education policy and by the population at large.

Nonetheless, and despite the headway achieved, it is my view that the changes in standpoint are more theoretical than real so far, and we need to see whether this trend will persist and consolidate over the next few years.

Latent and future problems in education financing

Below we present some of the education funding problems that are still unresolved, in spite of the fact that many of them have been cropping up in education systems for ten years or more. We shall not attempt to provide universal solutions,

© OECD 2002

applicable to countries everywhere, but rather to provide further indications that will help towards a clearer and more determined approach to them.

1. *Financing and education quality*

There is now a greater concern to finance education in terms of results, an approach that is held to optimise education. The aim is to link the question of funding to the quality of the education system in general, and of schools in particular. Yet the first problem that we face is defining the concept of quality, and measuring it; the second problem is to determine the economic repercussions of a perceived increase in the quality of education. To see how complex this issue is, we can look at one of the classical indicators of education quality: class size, or the pupil teacher ratio.

It should be noted in this connection that the pupil/teacher indicator has come under considerable criticism recently as a measurement of education quality in the advanced countries. It has been widely used as an argument for increasing education budgets, and conversely for justifying cuts in budgets by raising the number of pupils per class; what is clear is that far too often the technical, pedagogical debate has been contaminated by political ingredients. At the same time, some research does seem to indicate that cutting the pupil/teacher ratio does not always – in itself – increase quality.[12] By way of example we may mention the review carried out by the UK Office for Standards in Education (OFSTED) – and not contested by either government or opposition there – entitled *Class size and the quality of education*. The review was based on 1 173 inspections of schools in England and Wales, and some of the most striking conclusions were that:

- There is no significant correlation between class size and the quality of learning.
- Teaching methods and classroom organisation have a greater impact on learning than the pupil/teacher ratio.
- Lowering the ratio brings an increase in quality only for the following groups:
  - five- to seven-year-olds (corresponding to the first two years of primary education in England and Wales);
  - pupils with special needs;
  - pupils with difficulties.
- Except in classes with the youngest children (ages 5-7), a reduction of one, two or three pupils has no educational benefit that warrants the increased public expenditure (B. Passmore, 1995).

This and other research accordingly raises the question of the funding of education in the future, particularly in education systems where pupil/teacher ratios are already low, as is the case in many European countries.

125|

© OECD 2002

2. Financing and the right to education: equality of opportunity

After years of steady expansion in school enrolment, and of social advancement for a significant proportion of the population, much research[13] demonstrates that the traditional clearcut relationship persists between:

- social class and type of school;

- social class and school results;

- social class and final level of education.

Some writers note, in addition, that the position has deteriorated in recent years. Just as we can – beyond any doubt – refer to the widening of the economic and welfare gap between the advanced countries and the developing ones,[14] there is likewise an increase in social and educational inequality. We may accordingly refer to two-speed worlds and cities, and to two-speed education as well.

The position is under further threat from the financial crisis affecting the education sector. Accordingly, we need to pose the following questions: How can we apply a financing model that, at the very least, will prevent the position worsening? How can education be financed in order to secure the actual achievement of equal opportunity? In the middle of the 1990s the World Bank (1995*b*) listed a number of the priorities to which countries' education policy should devote particular attention. As we shall see, many of these priorities are clearly linked to the funding of the education sector:

- Give education high priority, though education cannot reduce poverty on its own, without other macroeconomic policy measures.

- Pay particular attention to the results obtained: academic success, etc.

- Place special emphasis on public investment in basic education.

- Pay special attention to equality: promoting the right to education of all individuals independent of social class, gender, ethnic origin, etc.

- Involve families in education: in school groups and committees, in electing school boards, etc.

- Grant schools a measure of institutional autonomy. With regard to this priority, however, the World Bank observes that there are two points which governments often overlook:

  1. In the developing countries, greater autonomy for schools does not necessarily mean an increase in quality.

  2. The aim of giving schools greater financial autonomy is to improve learning, not to reduce the aggregate resources allocated to education.

© OECD 2002

3. Financing and changes in higher education

A few years ago S. Heyneman (1997) noted that higher education was facing fundamental reforms of four kinds:

- diversification in establishments' education supply and course typology;
- diversification in financing arrangements: payment for enrolment, payment for university services, loans, grants, etc.;
- increasing institutional efficiency: greater emphasis on ICTs, broader range of pay for teaching staff, etc.;
- reduction in some university services: student insurance, transport, etc.

As can be seen from this list of reforms, all of them (and the second most particularly) have a clear impact on the question of the financing of higher education. The prime objective of many governments is to restrain in percentage terms, and at the same time to optimise, the growing investment being made in this tier of education as student populations rise.

Nevertheless, and without detracting from the importance of what has been said so far, I believe that the fundamental changes now occurring at this level of education are related far more to the question of students' social class. The World Bank (1995a) pointed that out some years back: what the public sector spends on higher education causes particular inequality given that assistance per student is higher than in basic education, despite the fact that students in higher education come disproportionately from wealthier families.

On the basis of this assessment – quite clearly accurate, though hard for governments in many countries to accept and explain to their electorate – a number of proposals have been put forward in the advanced countries to transfer part of higher education costs to students and their families, with safeguards to ensure that the new measures do not mean additional economic burdens for the less well-off families. One example here is the proposal by the Australian government: under the Higher Education Credit Scheme (HECS), students can meet their fees and living expenditure from a loan to be repaid via the tax system once their later earnings exceed a set minimum. A similar scheme has recently been put forward in Germany (N.H. Weiler, 1999). The proposal by the Labour government in the United Kingdom also links repayment to students' subsequent income, five years after completing their university courses.

All these proposals are interesting and innovative, breaking with the inertia of the consensus that higher education should be free for everyone. It remains to be seen, however, whether the schemes are appropriate: it will take some years to determine whether the socio-economic profile of higher education students has altered.

127|

© OECD 2002

4. Financing and privatisation

One of the key aspects of education financing in Europe is the assessment by many experts that an ideological shift is occurring, with greater privatisation of education to the detriment of public schooling. OECD data (1998) seem to confirm this.

When we consider trends in the education systems in European countries we can see that governments of different political hues have all pursued a range of measures to increase the degree of privatisation in the education sector. M. Bray (1998) observes that governments have encouraged privatisation through four kinds of measures:

- Transferring ownership of public schools to the private sector: a switch from non-profit to commercial status.

- Shifting the current balance between the public and private systems, in favour of the latter: taking measures that foster growth in the private sector (higher enrolment in schools of this kind, and encouraging the opening of new ones), or inhibiting expansion in the public sector.

- Increased financing for private schools: either directly to schools, or indirectly to families sending their children there (school vouchers).

- Greater funding and/or control of public schools by the private sector: although the public schools are still state-owned, there is more intervention by civil society and other non-state bodies. This leads to new forms of privatisation of the public sector.

Once again the key question is: What impact will measures of this kind have on the aim of providing quality education for the population as a whole? More specifically, how does privatisation affect less well-off population groups?

5. Financing and freedom of choice

It has been said on a number of occasions that the establishment of a quasi-market in education designed to give parents greater freedom to choose schools[15] – and to generate greater competition among schools – conceals an intention to cut public investment in education and shift the emphasis towards the private sector. This model would increasingly view parents as customers and as the sole beneficiaries of their children's education, the latter ceasing to be regarded as a social good. It would accordingly mean placing education expenditure on the shoulders of the parents. G. Walford (1996), considering the experience in New Zealand, found little evidence that competition could produce an improvement in schools. Rather to the contrary, there was growing evidence that the quasi-market was leading to greater inequality between schools and greater polarisation of social and ethnic groups within individual societies. In many cases,

© OECD 2002

he found, the quasi-market masked an intention to cut public investment in education and introduce a gradual process of privatisation.[16]

Despite all this, many countries are continuing to consider and experiment with alternatives to the current system of education funding, in order to provide financial coverage for the principle of free choice of school. Among these proposals, school vouchers are prominent, on the basis that they extend the principle of free choice by placing the public and private sectors on the same footing.

But the difficulty arises when legislators claim that the principle of freedom of choice is perfectly compatible with that of equality in education. One of the most recent innovative experiments here, which seeks to combine the guiding principles of school vouchers – although in this instance the funds go to schools on the basis of family profiles – with the principle of equality in education, has been run in Australia. Applying a form of positive discrimination, the country has established a new model of financing for private schools to ensure that families with few resources can send their children there (at present the private sector in Australia caters for 30% of schoolchildren). The characteristics of the new system have been summarised by G. Maslen (1999):

- Private centres must achieve national targets in all curricular subjects.

- The level of funding for schools will depend on parents' socio-economic status. As a result, the system of financing for private schools will be more transparent, and school-specific.

In fact, the new system seeks to extend freedom of choice to less well-off families. Other models using school vouchers can of course be devised as well; for example, an individual school voucher granted to every family with school-age children, also involving positive discrimination: the vouchers would vary with parents' income (higher income, lower value).[17]

6. *Financing and* ICTs

The current thinking is that using ICTs makes teaching less expensive since their educational impact reaches enormous numbers of people. But it is not generally acknowledged that using ICTs requires, for example, extensive training for teaching staff to make proper use of them, at substantial economic cost. In practice, developing forms of teaching based on ICTs entails substantial investment in:

- computers and educational software;

- networks allowing flows of information within and between schools, and between schools and other educational resources (museums, virtual libraries, etc.);

- initial and ongoing training for teaching staff focusing on the use of computers, networks, and the programmes and resources that they can construct;

© OECD 2002

- initial and ongoing training for teaching staff to enable them to search and select information on the networks, and construct useful and creative material;

- initial and ongoing training for teaching staff to prepare them to assume fully their new role in the information and knowledge society: a more open role, with greater collaboration with other education bodies and professionals.

Investment of this kind will cost as much or more than initially planned for the traditional type of schooling. As a result, the fundamental question is how to make the application of ICTs to education economically possible for all children, not just those who have the additional resources they need at home. Once again, achieving compatibility between development (in this case, technological development) and equality of opportunity – whatever the socio-economic status of families – is the great challenge in education funding.

7. *Financing and payment by results*

The trend towards financing education on the basis of the returns from the system include the proposals for payment by results advanced in some English-speaking countries. As applied to teachers, the proposals have been the subject of considerable discussion, not just over the yardsticks to be employed to gauge teachers' results[18] but over the satisfactory or adverse effects of this form of financing.

We may usefully consider some of the experiments conducted on this score, and the lessons to be drawn from them. In Hartford (Connecticut, United States), for example, teachers in public schools were offered an additional payment of around USD 1 500 if their students obtained marks that were, as a minimum, 3% above the average in the final year in standard achievement tests. The proposal was adopted, in spite of opposition from teachers. It is of interest to look at the criticisms which the teachers levelled at this proposal:

- It is insulting to suggest that teachers will work better with these incentives.

- Teachers are unable to control some variables that have a significant impact on results: drug abuse, difficulties in single-parent families or other family problems.

- The money would be better spent on resources and training for teachers.

The arguments which the school district officials put forward to support the proposal were:

- It is a good way of raising pupils' achievement because it offers incentives to teachers.

- It is a good strategy for determining which school principals are concerned with excellence in education.

© OECD 2002

- It helps schools overcome the problems arising from difficult circumstances (poverty, broken families, etc.) (J. Marcus, 1996).

As can be seen, the points put forward by each side serve to launch the debate rather than to conclude it.

At all events, it seems appropriate to set out the ideas of Allan Odden, of the University of Wisconsin. Based on experiments in various parts of the United States, he identifies the key factors in successful application of performance-related pay for teachers:

- Involve all key education players in the experiment: unions, teachers and the general public.

- Invest more money in education: the measure requires extra money and it cannot be employed as a strategy to cut education budgets.

- Provide teachers with training to help them achieve the targets: that means spending between 2 and 3% of the education budget on training.

- Do not set quotas: all schools that improve their results should be rewarded (no pre-set number of schools to benefit).

- Be persistent: most projects contain initial errors that need to be ironed out (D. Hinds, 1999).

Conclusions

1. **Behind any financial strategy there is an ideological option**

   The option is in particular related to:

   - the principles held to be fundamental for education, and given priority in every practical measure of government education policy;

   - the model and function of the state in education;

   - the model and function of the educational institution.

2. **Financial models need to be analysed in the country context**

   The context is substantially shaped by specific economic, social, political and cultural factors, and it must be borne in mind that these cannot be radically changed in a short space of time. Likewise, the way the education system is run, and its past development, will to a fair extent determine what model is adopted for financing.

© OECD 2002

3. Some methods of resolving financial problems in education persist over time

This was made clear in the proposals put forward by C. Tibi (1989) and F. Caillods (1989) in the well-known IIEP report for that year. Nonetheless, while budgets are restricted in much the same way as in the 1980s, particular contextual aspects have made significant alterations to the stage on which education is now played out. Globalisation, moves by the private sector into the social sphere, less powerful governments and greater prominence for civil society in many European countries, the expansion of education beyond the borders of the school system, the arrival of the information and knowledge of society with the new ICTs, all these features have altered the approach to education and the ideological paradigms that underpin it. There is accordingly a need to find alternatives to the conventional models for education financing, without jeopardising what has been achieved to date with the welfare state.

4. It must be taken as a policy criterion for education funding that there should increasingly be a balance between those who benefit from education and those who pay for it[19]

The description and analysis of how higher education is currently financed in the advanced and developing countries shows that the differences between those who pay for education (society in general) and those who benefit from that investment (students, and society itself indirectly) stand out most clearly at this level. It is a key question that is closely tied in with equality of opportunity, social equilibrium and the efficiency and optimisation of the system.

5. Financing must give preference to covering "second chance" programmes

Given the educational inequalities that persist in our countries (OECD, 1997), their incongruity in a democratic society and **the growing demand for lifelong learning** well covered by second-chance programmes, it seems clear that education financing should devote particular attention to such programmes.

Muriel Poisson (1999) outlines the strategies to be pursued over the next few years to provide second-chance education to disadvantaged groups. One feature that stands out is the need to distribute educational resources in a different way. In order to do so, two key questions have to be answered:

- How can educational programmes for disadvantaged families be financed without the costs falling on those groups?

- How can resources be distributed more equitably between high-achieving children, low-achieving children and school dropouts?

© OECD 2002

6. Education financing is closely related to school autonomy, so that one is meaningless without the other

If appropriate financing is not available, school autonomy will be theory rather than practice, since schools will be unable to conduct their own education programmes and report back on what they have done with the resources allocated to them. One conclusion from a symposium in Israel on the theme of school autonomy was that accountability is a crucial aspect of school autonomy and scope for choosing schools. But before being made accountable, schools must have the resources they need to implement their own education programmes (Shapira, Cookson, 1997).

7. Government financing offsets failures in the education market

As the World Bank noted (1995b) the financing of education is a powerful instrument for offsetting the inequalities that flow from the application of certain market principles to education, such as competition, free choice of schools, privatisation of education services, etc. The same 1995 report further noted that some inequalities arise from incorrect use of resources allocated to education. The reasons for investing in education (1995, 3) are in fact to:

- reduce inequality;
- provide opportunities for the most needy sector of the population;
- offset market failures;
- provide information on the benefits of education.

8. Adequate financing for education entails a change of attitudes in society and in families

Financing is not a question simply for governments, but for civil society as well. The latter needs to become aware of the importance of investment in education, now and in the future. It is hard to put forward proposals to enhance education financing without families being convinced that investment in education is an investment in the future.

In this connection M. Carnoy and M. Castells (1997) note that there is a great need to encourage families and groups of all kinds to invest in knowledge and skills. That will be essential to enable us to adjust to the structural and technical changes that await us.

© OECD 2002

Notes

1. The websites of these four bodies may be consulted at: *www.oecd.org*, *www.unesco.org/iiep*, *www.worldbank.org*, *www.eurydice.org*

2. The recent Eurydice publication (1999) may be consulted for fuller details of public and private education in the European Union countries. It can be found on the website of this EU network.

3. The former include the majority of European Union countries, while the latter probably include Spain, though a number of significant steps towards evaluation have been taken in the 1990s.

4. While this trend may seem obvious, there are worrying pointers that some countries are launching processes that will enable the state to cease to fund some aspects relating to the "social" sphere (to which education belongs). For instance, cuts in unemployment benefits, new pension arrangements based exclusively on citizens' individual private savings, and so on, are clear signs of a trend for the state to withdraw from some of the financial obligations that it has traditionally assumed.

5. The grant-maintained schools in Great Britain are one example, and another is the education policy applied in some parts of Australia where schools are funded on the basis of the socio-economic status of the families whose children are enrolled.

6. C. Tibi (1989) pointed to this trend over ten years ago when defining the explanatory factors for the crisis in education financing in the late 1980s. These factors still apply today: increase in the overall cost of education, due in particular to rising enrolments in secondary and higher education (which also cost more than primary schooling); increase in grants and in numbers of recipients in higher education; and doubts over the economic returns from investing in education.

7. The Netherlands was an atypical case, since by law both types of establishments have to be treated exactly the same. We have to remember the national context, with around 70% of primary pupils attending private schools.

8. More than ten years ago F. Caillods identified the strategies used to reduce the impact of the economic crisis on education (1989). As we can see, many continue to be employed: improving the allocation of public resources; improving the use of existing resources; and improving sources of funding and finding new resources. That entails reconsidering the privatisation of funding and of management.

9. Probably as a way of justifying the substantial cutbacks in funding for the education system that have occurred over the past 20 years in most countries across the world.

10. In fact the current crisis in the education system and the lack of tangible positive results are obstacles to increasing appropriations for education.

© OECD 2002

11. One of the most rigorous analyses here, in my view, is *Human Capital Investment*, published by the OECD in 1998.

12. Examining the other quality-related factors would take us too far from the topic under review here, the relationship between funding and quality in education.

13. While this theme may appear outdated, I do not think it is. Countries conducting research in this area (France and the United Kingdom, to take two examples of countries with quite different education systems and traditions) bring out the facts clearly. Reference may be made to the comments relating to the League Tables published in the *Times educational supplement*, and the research and data reported in *Le Monde de l'éducation* in relation to cultural minorities, violence at school, the priority education areas (ZEPs), etc. (for instance, see No. 278, February 2000). Reference may also be made to *Oxford studies in comparative education* (No. 6, 1996) containing articles dealing with a number of countries (Australia, Germany, Netherlands, New Zealand among others) bringing out the linkage between social class and education.

14. As is made clear in the three 1999 reports by UNICEF, UNDP and the World Bank.

15. In very many cases, such freedom of choice is more apparent than real.

16. Walford was referring to the situation in New Zealand which, in 1989, had launched a programme of educational reform, called Tomorrow's Schools, which transformed a highly centralised system into one where a wide range of powers were transferred to schools and parents, in pursuit of a neo-liberal education policy.

17. Without going further here into the pros and cons of school vouchers and the various methods employed, anyone interested in the topic should read the well-known article by M. Carnoy (1998) analysing experience in Chile and Sweden and drawing very pertinent conclusions.

18. Classroom assessment, academic achievement of pupils in external exams, educational innovations carried through, etc. are some of the yardsticks employed, though the second has been most firmly defended on grounds of transparency and clarity.

19. This idea is drawn from T. Neville Postlethwaite (1999), who set out the six challenges for future education: 1. Balance between initial education and ongoing training; 2. Balance between those who benefit from education and those who pay for it; 3. Development of technology; 4. Development of democracy and tolerance; 5. Balance between unity and diversity in European education systems; 6. Improving standards in education and reducing disparities within and between countries.

135

© OECD 2002

References

BRAY, M. (1998),
"Privatisation of secondary education: issues and policy implications" in *Education for the 21st century: issues and prospects*, UNESCO, Paris.

CAILLODS, F. (1989),
Outlook for education planning. UNESCO/IIEP, Paris.

CARNOY, M. (1998),
"National voucher plans in Chile and Sweden: did privatization reforms make for better education?", *Comparative education review*, Vol. 42, No. 3, August 1998, pp. 309-337.

CARNOY, M. and CASTELLS, M. (1997),
Sustainable flexibility: a prospective study on work, family and society in the information age, CERI/OECD, Paris.

DELPÉRÉE, F. (1993),
Le renouveau de l'éducation en Europe. Commentaires au départ de l'expérience belge, Mimeo, OIDEL, pp. 6-7.

EURYDICE (1999),
L'enseignement privé/non-public dans les États membres de l'Union Européenne: formes et statuts, Brussels.

GUTHRIE, J.W. (1996),
"Evolving political economies and the implications for educational evaluation", in *Evaluating and reforming education systems*, OECD, Paris, pp. 61-68.

HEYNEMAN, S. (1997),
"Economic growth and the international trade in educational reform", *Prospects*, Vol. XXVII, No. 4, pp. 501-530.

HINDS, D. (1999),
"Praiseworthy reward system?", TES, 25/6/99, p. 27.

MASLEN, G. (1999),
"Private schools get public money", TES, 4/6/99, p. 26.

MARCUS, J. (1996),
"Principals turn down pay by results", TES, 8/3/96, p. 13.

NEVILLE POSTLETHWAITE, T. (1999),
"Through a glass darkly", IIEP *Newsletter*, Vol. XVII, No. 4, October-December 1999, pp. 7-8.

OECD (1997),
Education and equity in OECD countries, Paris.

OECD (1998),
Education at a Glance, Paris.

© OECD 2002

OECD (1999),
  Education at a Glance, CD-ROM OECD Database.

PASSMORE, B. (1995),
  "Small is best, but not for everyone", TES, 17/11/95, p. 6.

PÉANO, S. (1998),
  "The financing of education systems", *Education for the 21st century: issues and prospects*, UNESCO, Paris.

POISSON, M. (1999),
  "Giving a second chance to those forgotten by the school system", IIEP *Newsletter*, October-December 1999, Paris.

SHAPIRA, R. and COOKSON, P. (ed.) (1997),
  Autonomy and choice in context: an international perspective, Pergamon Press, Oxford.

TIBI, C. (1989),
  "The financing of education: impact of the crisis and the adjustment process", in *Outlook for education planning*, UNESCO/IIEP, Paris.

UNDP (1999),
  Human development report 1999, United Nations Development Programme, New York/Oxford.

UNICEF (1999),
  Early childhood, New York.

WALFORD, G. (1996),
  "School choice and the quasi-market", *Oxford studies in comparative education*, Vol. 6 (1), Ed. Triangle, Oxfordshire, pp. 7-15.

WEILER, N.H. (1999),
  "Universities, markets and the state: higher education financing on a laboratory of change", CESE *Newsletter* No. 41, May 1999, pp. 19-25.

WORLD BANK (1995a),
  La enseñanza superior. Las lecciones derivadas de la experiencia, Washington.

WORLD BANK (1995b),
  Priorities and strategies for education, Washington.

WORLD BANK (1999),
  World development report 1999/2000. Entering the 21st century, Washington.

© OECD 2002

Financing Educational Infrastructure:
An Examination of Mexico's Federalisation

by

Jesús ALVAREZ

General Director of Development, Ministry of Public Education, Mexico

Introduction

Since the beginning of the 1990s, Mexico has experienced a wide educational reform, *the federalisation*. This reformation process includes giving Mexican states and municipalities the capability to procure and operate educational facilities. These tasks were centrally controlled and financed before the reformation. As a result of the reform, states and municipalities now receive decentralised public funds from the federal government and are free to decide what, how, when and where to build, renovate or maintain their educational facilities, in accordance with local planning. States and municipalities can also create private and community participation mechanisms to co-finance educational facilities.

This study analyses the new roles of federal, state and municipal governments, families and the community. The analysis describes the evolution of Mexico's reform and the reform's implications for the opportuneness, efficiency and sufficiency in the provision of educational facilities. Further, this study also analyses the challenges created by the reform. When new actors come into play, it is necessary to strengthen the local capabilities for the negotiation and the management of resources.

States can currently allocate educational facilities more efficiently, using more suitable architectural models and materials for the local environment. Budget allocation has become more efficient, and the federal government now reserves the necessary appraisal and evaluation of national public education. Private and community participation is growing and there are promising experiences, especially with the provision of new information technology equipment. Nevertheless this participation has started at low levels.

© OECD 2002

Background

After decades of centralised management and control of public basic education (pre-school, elementary school and lower secondary school), in May 1992, the federal education authorities, the governments of 31 states of the Mexican Republic, and the National Union of Education Workers (SNTE) signed the National Agreement on the Modernisation of Basic Education (ANMEB). The ANMEB states that the signing parties agreed to reorganise the national school system by introducing federalism into education. This meant that the control of federal basic education services was transferred to the states. State governments are now responsible for the operation of all public schools within their own respective states. The aim of this agreement was to gain efficiency in the provision of public education. The ANMEB was reached at the time of an intense process of state reform and modernisation of public administration.

Before the ANMEB was enacted, states[1] were only passive receivers of public policies and strategies established at the national level. The national policies instituted at the central level of government were for the operation and growth of public education at the state level. Due to this former way of organisation the operation of education was perceived, in most cases, as a part of a distant national project, in which the local realities and the social needs were rarely taken into account. Hence, in many states there was no interest by policymakers for including education in their public policy agenda. In spite of this, some states created public schools similar to those of the federal government. This situation caused duplications and a waste of resources in many states.

At the beginning of the 1990s, the educational reform was concentrated in basic education services which concerns the majority of pupils. In 1995, the decentralisation of upper secondary education and university level started as the second step.

The agreements in the ANMEB demanded more budgetary independence for states and a more active participation from municipalities. For that reason, in 1997 the public budgetary strategies were heavily transformed with the reform to the Fiscal Co-ordination Law[2] and the creation of new public funds directed toward states and municipalities. This change in public finances law implied a more decentralised use of the Federal Expenditure Budget (PEF).

The Congress of the Union,[3] in accordance with the reformed law, established the so-classified *Ramo General* XXXIII. This *Ramo* is the national account that concentrates the public funds aimed at the operation of basic and teacher's education, at public health, and at the construction and maintenance of social and educational infrastructure among other similar projects, within the states and municipalities. These funds are allocated using *Contributions* rather than *Participations*,[4] which means that each fund has its own regulation. The federal funds classified as *Contributions* have a specific destination, which is financing the provision of

© OECD 2002

the services linked to these resources. There is also a distribution of responsibilities within the execution and the accountability of such expenditures, for each level of government (federal, state and municipal).

With the 1997 fiscal reform, the states and municipalities now have a greater availability of resources while they acquire more responsibilities and attributions on the government expenditure. In the case of public education, a clear indication of the power that the decentralisation of education has shifted away from the central government is that the states and municipalities will exercise directly more than 70% of the federal budget for education in the year 2000.

The Management Committee of the Federal School Construction Programme (CAPFCE)

For over 50 years, the federal committee CAPFCE centralised almost all the responsibilities in the construction, equipment, rehabilitation and maintenance of school infrastructure at all educational levels around Mexico. CAPFCE built more than 110 000 schools nation-wide. Nevertheless, there are some criticisms against CAPFCE's strategies. For example, the committee was questioned about its very rigid regulation in school buildings' architectural design. It did not allow for adjustments in the building to take account of the local environmental characteristics. CAPFCE's buildings were the same throughout the country (colour included). As a result of federalisation, in 1996 CAPFCE began its transformation toward a decentralised national regulatory institution, in a gradual process that is still under way.

1. *Decentralisation of* CAPFCE

Along with the fiscal reforms in 1997, two main actions took place in the decentralisation process:

- The signing of agreements by which CAPFCE gradually transferred to state governments all assets, including personnel, the federal committee owned in each state.
- The creation of similar management state committees that are now responsible for the construction of schools in their respective jurisdictions.

2. *New functions of* CAPFCE

Today, CAPFCE has been transformed into a regulatory body. It also has other general functions such as technology transference, evaluation, research and development. There are four main functions that the committee will be assuming in its final phase of decentralisation. These functions include:

- **Normative:** During its existence, CAPFCE has accumulated an enormous amount of expertise, enriched by frequent research and development.

© OECD 2002

Consequently, CAPFCE has established the technical norms for the construction of schools. A great advantage of decentralisation is that today the design of architectural models and the selection of materials will take into account the generalities of the technical norms and the particulars of each region in terms of population, environment and sociocultural factors.

- **Overseeing and evaluation:** CAPFCE will have the task to periodically concentrate the information of all state programmes related to school construction regardless of the funding sources. The committee will also have to design indicators for the evaluation of local investments in infrastructure.

- **Supplementary:** CAPFCE also reserves the possibility to act directly upon natural, social or political contingencies that affect one or more states.

- **Strengthening the decentralisation:** According to the spirit of federalism, the main function of CAPFCE will be to advise and train the personnel of the municipal governments and the state committees in school construction. The national committee will do so in the following aspects: programming and budgeting of infrastructure projects, design of architectural and structure projects, and any technical supervision. CAPFCE will have to design and implement a national policy to foster social and community participation in various tiers: parents must be co-responsible for the maintenance of educational buildings, schools must be a community space where people have input into its social uses and firms may sponsor the educational infrastructure.

Current sources to finance educational infrastructure

By its origin, we can distinguish various public and private sources to finance educational infrastructure:

1. *Public sources*

It is possible to classify these sources according to jurisdiction of the level of government:

Funds under federal control

Resources still managed centrally by the Ministry of Education (SEP):[5] Funds in this category are designated to foster the educational infrastructure of the upper secondary level and technological-type universities. Among these institutions, there are some still centralised[6] and others partially decentralised.[7] In the latter, the states are involved in the planning of their growth.

Resources coming from compensatory programmes: The compensatory programmes financed through loans coming from the international development

© OECD 2002

institutions (Interamerican Development Bank and the World Bank) have operated since 1991 in the poorest states and regions. Its budgeting structure is divided into several components, some of which can co-finance basic educational infrastructure in poverty-stricken zones. These programmes also have mechanisms that promote parental, community and municipal participation in the construction and maintenance of infrastructure.

Funds under state control[8]

The decentralised resources now managed by the states are mainly designated to the infrastructure of basic education and public state universities. The resources dedicated to the construction and equipping of schools in these education levels come mainly from the *Fondo de Aportaciones Multiples* (FAM).[9]

On the other hand, the resources dedicated to the maintenance and operation of the infrastructure come mainly from the *Fondo de Aportaciones para la Educación Básica* (FAEB) and the *Fondo de Aportaciones para la Educación Tecnológica y de Adultos* (FAETA). Although a high percentage of these funds are designated to wages, a small portion can be spent on maintenance. The latter part can be increased where there are savings due to a more efficient management of resources.

For the year 2000, the PEF assigned, exceptionally, resources to a fund called *Programa de Apoyo al Fortalecimiento de la Entidades Federativas* (PAFEF). This fund is aimed at fostering social or educational infrastructure. It is assigned to the states according to their per capita expenditure in education.

Finally, it must be noted that some states have begun to make use of their faculty to impose local taxes. Some of them have designated these funds to educational infrastructure.

Funds under municipal control[10]

Through the recently created *Fondo de Aportaciones para Infraestructura Social Municipal* (FAISM), the municipalities receive a significant amount of resources that can be allocated into a great variety of social development projects. One of the most important is the infrastructure for basic education.

2. Private sources

The amount of contributions of the private sector for educational infrastructure has been growing recently. There are various forms of participation which depend, to a large extent, on the management capability of government structures and economic development of the states.

Judged by its amount of investment, we have to mention the Ford Motor Company foremost. The company has a successful public school construction

© OECD 2002

programme. Up to now, Ford has built 120 schools in Mexico. This programme sponsored by Ford also includes the maintenance of schools and the provision of didactic materials.

The state of Nuevo Leon, one of the most industrialised of Mexico, has created a programme called COMPARTE. This programme has two main private and community participation strategies. The first programme is called *adopted schools*. Firms can adopt the school of their choice and sponsor it regularly, paying mainly its needs in maintenance and equipment. In exchange, the principal commits to raise the school efficiency indicators and to maintain communication with the sponsoring firm regarding their progress. Further, the state gives tax deductions to the sponsoring firm.

The second strategy is called *sponsored schools*. Firms or community members sponsor the school on an irregular basis, mainly attending to its equipment and maintenance needs as well. They can sponsor anything from the cleaning equipment to language and computer laboratories. There are other examples of private sponsors, such as the mining firm *Peñoles* in Zacatecas, the *maquiladoras* and tourism services firms in southern states of Mexico. In Aguascalientes, XEROX sponsors an ecology programme in public schools. Related to state-owned firms, the most notable case is *Petroleos Mexicanos*, the oil monopoly in Mexico. This firm significantly sponsors the development of educational infrastructure in the states where it has oil wells and refineries.

Finally, voluntary contributions made by parents to public schools must be mentioned. They have contributed to the maintenance and basic equipment through fixed amounts of money or direct work for many years.

Current characteristics of planning, execution and evaluation of educational infrastructure

1. Planning

The planning of educational projects has been enriched by the participation of new actors thanks to the federalisation. For each educational level, the current planning process can be explained as follows.

In basic education, the state education authority programmes allocate the investment in educational infrastructure based upon the needs detected by principals, teachers, parents and the community in general. The state authority also fosters and orients the participation of municipalities and the private sector and suggests new strategies for raising funds via local taxation.

In the upper secondary level and technological type universities which are decentralised institutions, the state education authority and the decentralised

© OECD 2002

institutions co-ordinate themselves to make more suitable proposals to the Ministry of Education (SEP). On the other hand, for institutions that have not been decentralised, the participation of the state authorities is scarce.

Lastly, the state public universities analyse their own projects themselves and present them to the State Commission for the Planning of Higher Education (COEPES) for validation. Once the project is validated, the state university proposes it to the SEP for its authorisation.

2. Execution

The process of the execution of projects became richer and more complex with decentralisation. We can classify the institutions that have an active role in the execution through the financing sources:

- **The new state committees in charge of school building:** These committees mainly execute school infrastructure projects financed by funds from the FAM. The construction projects are authorised through agreements with the SEP. These projects are mainly focused on upper secondary education institutions and technological type universities.

- **The state education authorities:** They execute the projects financed by resources from the FAEB (maintenance) and co-ordinate the execution of projects financed by parents' contributions.

- **State units for co-ordination of the compensatory programmes:** They are in charge of the execution of projects funded by resources coming from the compensatory programmes. Parents and municipalities also participate in the execution of these projects.

- **Municipalities:** They execute the projects agreed upon by their respective state education authorities. These projects are funded by the FAISM.

- **State universities:** They have the autonomy to execute their own projects.

- **Public and private firms:** The execution of the projects varies according to the agreement with the state governments.

3. Evaluation

The state education authority, in co-ordination with CAPFCE, oversees and evaluates construction projects starting from the technical specifications and ending with the completion of the project, ensuring that the construction meets all the normative requirements at the agreed costs along the way.

© OECD 2002

Final considerations

As a result of the decentralisation process, we can distinguish two main implications of the new ways to finance educational infrastructure:

1. Today, the states manage more than one half of the public funds designated to infrastructure, without considering the municipal contributions.

2. The degree of autonomy in resources management varies according to the level of education and the status of institutions. Federal funds are labelled strictly to the schools' projects that are programmed and authorised. State funds are more flexible and can be redesignated to new priorities. Municipal funds have a wider margin of management. These can be devoted to any social infrastructure project such as potable water, drainage, housing, educational infrastructure, etc. For this reason, the state education authority counts on its negotiation skills to persuade municipal governments to allot a significant percentage of the FAISM to educational infrastructure.

On the other hand, the state education authorities agreed in highlighting the following advantages of the reform:[11]

- **Planning:** Decentralisation made it possible to design policies and mechanisms to encourage the participation of municipalities, parents and the community in the planning of new schools.

- **Programming:** The state education authority reserves the jurisdiction to decide what, when and where to build infrastructure, according to the local priorities. In order to decide, the education authority takes the following factors into account: the community proposals, the budget constraints and the identification of needs coming from demographic growth (natural and migration), the relative age of the population and the school transition indicators. The deregulation of the transference of resources allow the states to match their construction goals with their needs, as it is stated in the State Development Plan.

- **Financing:** The sources of funds for educational infrastructure have become more diverse and richer. The decentralised funds are allocated with certainty and opportuneness. This has allowed the states to auction the construction projects, to sign the contracts and to assign the resources for the projects, in the planned time and terms. On the other hand, the management of resources at the state level and the use of local materials and labour have reduced costs thanks to strategies of social co-participation. Some states have been able to multiply the resources dedicated to this task when they involve parents, municipal governments and firms. This has

© OECD 2002

also made it possible to obtain savings in the financing of projects and invest those savings in more infrastructure.

• **Design:** The new regulation is now flexible enough to improve the architectural models by incorporating adaptations to regional specifications (weather, population, customs, type of soil, etc.).

• **Supervision:** The states are co-responsible with CAPFCE of the overseeing and evaluation of projects. CAPFCE has the important role of designing adequate indicators to evaluate all sorts of investments in infrastructure around the nation.

© OECD 2002

Notes

1. Mexico is made up of 31 states or federal bodies and one federal district (infranational level), and each state is divided into districts (at local level).

2. The Fiscal Co-ordination Law is the legal framework that sustains the Federal Pact in Mexico. It also regulates, among other sources of income, federal taxes and rights over oil extraction and mining. The sum of these sources of income is the General Fund of Participation for the states.

3. The highest legislative body in Mexico.

4. The Federal *Participations* are public funds coming from the federal budget and are handed over to the states on the grounds of demographic and local taxation criteria. There are no restrictions upon their destination other than those established by the state legislative bodies.

5. These funds come from the *Ramo* XI of the Federal Expenditure Budget (PEF).

6. The centralised institutions are: *Centros de Bachillerato Industrial y de Servicios* (CBTIS), *Centros de Bachillerato Tecnológico Agropecuario y de Servicios* (CBTAS), *Centros de Bachillerato Tecnológico de Mar* (CETMAR), *Centros de Capacitación para el Trabajo Industrial y de Servicios* (CECATIS) and other technological institutes. See their classification in SEP, 1999, "Profile of Education in Mexico", pp. 63-75.

7. The decentralised institutions include: *Colegios de Bachilleres* (COBACH), *los Institutos de Capacitación para el Trabajo* (ICAT), *los Colegios de Estudios Científicos y Tecnológicos* (CECyTE). See their classification in *ibid.*

8. These funds come from the *Ramo General* XXXIII of the PEF which, as mentioned previously, have been completely decentralised.

9. FAM represents more than 50% of the national public expenditures in educational infrastructure.

10. Also coming from *Ramo General* XXXIII (decentralised).

11. These opinions were obtained from a broad questionnaire that was used to make the 3rd ANMEN evaluation.

© OECD 2002

References

DIARIO OFICIAL DE LA FEDERACIÓN (1997),
"Decreto del Presupuesto de Egresos de la Federación", 1997-9, Mexico.

DIARIO OFICIAL DE LA FEDERACIÓN (1998),
"Ley de Coordinación Fiscal", 31 December 1998, Mexico.

SECRETARIA DE EDUCACIÓN PÚBLICA (SEP) (1998),
"Análisis del Presupuesto de Egresos de la Federación", 1998-9, Mexico.

SECRETARIA DE EDUCACIÓN PÚBLICA (SEP) (1999),
"Profile of education in Mexico", Mexico.

SECRETARIA DE HACIENDA Y CRÉDITO PÚBLICO (SHCP) (1997),
"Exposición de Motivos del Proyecto de Presupuesto de Egresos de la Federación", 1997-9, Mexico.

SECRETARIAS DE EDUCACIÓN EN LOS ESTADOS (1999),
"Documento del Análisis de la 3ª Evaluación del ANMEB", Mexico.

CAPFCE,
Various articles about this organisation, *www.capfce.gob.mx*.

© OECD 2002

Pre-school, Elementary and Secondary Education Sector in Quebec

by

Réjean CARRIER

Director General of Financing and Equipment, Ministry of Education, Quebec

Introduction

Created in 1964, the *Ministère de l'Éducation du Québec* (MEQ), Quebec's Ministry of Education, is responsible for "promoting education; contributing, by promotion, development and support, to raising the level of scientific, cultural and professional achievement for the population of Quebec and its individual members; furthering access to the higher forms of learning and culture for any person who wishes to have access thereto and has the necessary ability; contributing to the harmonisation of the orientations and activities of [the] department with general government policy and with economic, social and cultural needs".

In Quebec, there are three major education systems, organised by level of education as follows:

- pre-school, elementary school and secondary school education;
- college education;
- university education and research.

Pre-school, elementary and secondary education is provided by a public school system and a private school system. In 1998-99, there were 72 school boards administering 2 781 public schools, and there were a total of 275 private schools across Quebec.

In 1998-99, college education was provided by 47 public general and technical education colleges, 11 government schools, 75 private institutions (25 of which were accredited for the purposes of subsidies) and two private institutions established under international agreements.

University education and research are carried out in seven universities and their constituents, a polytechnic school and a school of higher commercial studies.

© OECD 2002

Brief description of the organisation and functioning of public pre-school, elementary and secondary education in Quebec

1. Structure

The school boards, legal persons established in the public interest, are local, decentralised bodies administered by commissioners who are elected by majority vote. The school boards have the power to levy taxes; they provide services in either French or English in the territory under their jurisdiction. Since 1 July 1998, there are a total of 72 school boards in Quebec: 60 French school boards, nine English school boards and three special status school boards (two of which serve Native students).

All French and English school boards offer pre-school, elementary and secondary general education for youth and adults. Almost all school boards also offer vocational education.

In 1998-99, the school boards managed 2 781 public schools. Of this number, 1 868 offered only elementary education, 691 offered only secondary education (both general and vocational education) and 222 offered both elementary and secondary education. French was the language of instruction in 2 378 schools while English was the language of instruction in 347 schools. Fifty-six schools had more than one language of instruction.

2. Target population

Young children

Early childhood services give children under the age of five a structured setting that promotes their development. They allow young children to gradually become familiar with a learning environment and acquire skills they will need in order to succeed in school. The quality of the services provided by schools, early childhood centres and day-care centres is assured through programmes designed to stimulate the children, monitor their progress and encourage the parents' involvement as well as the children's regular attendance.

Elementary and secondary students

The Education Act states that every person is entitled to the pre-school education and elementary and secondary school instructional services provided for by the Act and by the basic school regulations made under the Act, from the first day of the school year in which he or she turns five (before 1 October), to the last day of the school year in which he or she turns 18, or 21 in the case of a person with a handicap. All Quebec residents are entitled to these services free of charge.

© OECD 2002

The Act also states that every person no longer subject to compulsory school attendance is entitled to the educational services prescribed by the basic regulations for adult education.

Compulsory attendance

School attendance is compulsory for all children from the beginning of the school year in which they turn six to the end of the school year in which they turn 16. Parents must complete an application for their children's admission every year. Admission is usually held in February according to procedures set by the school board. The school year starts in late August or early September and generally ends before 24 June.

3. Educational services

The educational services offered to pre-school, elementary and secondary students include instructional services, student services and special services. The services are defined in the basic school regulations made by the government. Other measures exist to support students with special needs. The current basic school regulations will be amended in light of the policy statement entitled Quebec Schools on Course.

Instructional services

• Pre-school education

At the pre-school level, the emphasis is on learning and awareness activities. Parents may choose whether or not to enrol their children in kindergarten, but the school boards are required to offer this service to all five-year-olds (*i.e.* children who turn five years of age before 1 October) living in their territory.

The purpose of kindergarten, which lasts one year, is to smooth the transition between home and school, and develop social skills and learning skills in order to prepare the children for their first year of formal schooling. The school calendar consists of a minimum of 180 days of class.

• Elementary education

Children must have reached the age of six by 1 October in order to be admitted to elementary school, whose purpose is to introduce them to the basic general education subjects and to prepare them for secondary school. Students normally complete elementary school in six years, which are divided into two three-year cycles.

153|

© OECD 2002

The school calendar for elementary school consists of a minimum of 180 days of class, and the regular school week, of 23½ hours of class over five full days. Students normally complete elementary school in six years and then go on to secondary school. They cannot spend more than seven years in elementary school before going on to secondary school.

• Secondary education

Students normally go on to secondary school at the age of 13. The foremost purpose of secondary school is to give students a basic general education while allowing them to discover their talents and interests. The emphasis in the first cycle, or first three years, of secondary school is on basic general education. The second cycle, or last two years, of secondary school allows students to further their general education and to explore various fields of study through optional courses before going on to college or to a vocational education programme leading to the job market. Students enrolled in the general education branch of secondary school obtain a Secondary School Diploma (SSD) if they meet the requirements set out in the basic school regulations.

The school calendar consists of a minimum of 180 days of class, and the regular school week, of 25 hours of class over five full days.

Student services

The purpose of student services is to ensure students' progress in school by supporting the various services offered; by developing students' autonomy, sense of responsibility, feeling of belonging to the school, initiative and creativity; by helping students overcome any difficulties they may experience; and by ensuring their emotional and physical well-being.

Student services are offered in a variety of forms. Specialised help and support services include academic and career guidance, psychological services, speech therapy, psychoeducational services and services for students with handicaps or learning or adjustment difficulties. Health and social services are also provided. Other services offered as part of student services are mainly concerned with school life; these include student support and supervision, and sports, social and cultural activities.

Special services

Some students need special attention, which is provided through a variety of special services aimed at helping them develop their potential as fully as possible. These special services are designed to enable students to get the most out of the other educational services by helping them acquire the knowledge and skills

© OECD 2002

they need to take part in educational activities, by helping them improve their language or math skills, and by adapting teaching activities or the organisation of teaching to the students' needs. These services comprise the following:

- services for students with difficulties;
- services for newly arrived students;
- home or hospital schooling;
- services for students from disadvantaged areas;
- services for Native students.

4. Enrolments

In 1998-99, public schools provided services to 1 036 753 young people. The breakdown of enrolments by level of education was as follows:

Pre-school education		103 113
Elementary education		538 394
Secondary education		395 246
General education	386 380	
Vocational education	8 866	
		1 036 753

In the adult sector, in 1997-98, the last school year for which enrolment data are available, a total of 215 817 students were enrolled including 136 470 in general education and 79 347 in vocational education.

5. School board personnel

In 1997-98, the last school year for which full data are available, a total of 159 810 people worked with youth and adults in general education and vocational education in Quebec's school boards (excluding special status school boards):

Teachers	93 366
Administrators	6 129
Non-teaching professionals	5 896
Support staff	54 419
	159 810

6. Financial resources

School board recurrent expenditure for the 1998-99 school year totalled CAD 6 767.4 million. Government subsidies accounted for CAD 5 217.3 million or 77.1% of total financing, while school taxes accounted for 14.6%, and financing from other sources, for 8.3%.

© OECD 2002

Financing of recurrent expenditure on facilities

1. *Expenditure components*

Recurrent expenditure on facilities was related to the following activities, for which the following amounts were allocated in the last five years:

	1994-95	1995-96	1996-97	1997-98	1998-99
	Amount in millions of CAD				
Maintenance of movable property	9.0	9.0	9.1	7.9	8.9
Preservation of buildings	131.5	123.1	119.9	121.7	118.3
Housekeeping	205.7	203.3	198.0	196.0	197.6
Energy consumption	143.9	144.6	143.7	141.9	144.0
Rental of buildings	14.6	14.7	14.7	15.8	12.3
Safety and security	10.1	10.2	9.1	9.0	8.9
	514.8	**504.9**	**494.5**	**492.3**	**490.0**
Floor space (millions of square metres)	**14.9**	**15.0**	**15.0**	**15.2**	**15.3**

In addition, every year, the MEQ publishes unit costs based on the data in the school boards' financial reports. These unit costs are intended as a management tool that the school boards can use to compare themselves with their peers. The following unit costs are presented by school board and by various categories (school board size, administrative region, etc.):

- spending per student and spending per square metre for: preservation of buildings; housekeeping; energy consumption;
- spending per student for: maintenance of movable property; rental of buildings; safety and security.

In the last five years, the provincial averages for these unit costs were the following:

	1994-95	1995-96	1996-97	1997-98	1998-99
	Amount per student (in CAD)				
Maintenance of movable property	8	8	8	7	8
Preservation of buildings	117	109	106	108	106
Housekeeping	183	180	175	174	177
Energy consumption	128	128	127	126	129
Rental of buildings	13	13	13	14	11
Safety and security	9	9	8	8	8
	458	**447**	**437**	**437**	**439**
	1994-95	1995-96	1996-97	1997-98	1998-99
	Amount per square metre (in CAD)				
Preservation of buildings	8.80	8.21	7.94	8.02	7.72
Housekeeping	13.76	13.53	13.15	12.93	12.90
Energy consumption	9.64	9.60	9.58	9.37	9.47

© OECD 2002

These data show that expenditure on facilities per student has been relatively stable over the years and programmes established by the MEQ in relation to energy consumption have generated savings of over CAD 8 million in five years.

2. Financing

There are two sources of financing for recurrent expenditure: self-generated revenue and operating grants from the MEQ.

Self-generated revenue

Self-generated revenue consists of school taxes collected by the school board and equalisation grants from the MEQ.

The Education Act sets out the method for computing the maximum yield of school taxes:

Base amount (CAD 150 000) + {amount per student (CAD 500 000) × weighted enrolment}

Every school year, a government regulation determines:

- the rate of increase of these amounts;
- the reference student enrolment;
- the weighting of the various student enrolment categories.

In 1999-2000, the base amount per school board is CAD 177 508, *i.e.* the base amount set in the Act in 1990-91 indexed to 1999-2000, and the per-student amount is CAD 591.71. The relative weighting of recurrent expenditure on facilities by enrolment category is as follows:

Kindergarten for four-year-olds (144 half-days maximum)	0.75
Kindergarten for five-year-olds	
Regular	1.25
Welcoming and French classes	1.25
Elementary	
Regular	1.00
Welcoming and French classes	1.40
Secondary-general education (youth)	
Regular	1.45
Welcoming and French classes	1.80
Secondary-vocational education (youth and adults)	2.00
Secondary-general education (adults)	
Open envelope 16-18 years of age	1.45
Closed envelope	0.75
Students with handicaps (youth)	3.50

© OECD 2002

The school tax rate a school board may set is determined as follows:

- Maximum school tax yield

  Taxable standardised assessment

- Maximum: CAD 0.35 per CAD 100 of the standardised assessment

In cases where a school board's tax revenue is lower than the maximum school tax yield, the difference is covered by an equalisation grant from the MEQ, the amount of which is determined as follows:

Maximum school tax yield – {Taxable assessment × CAD 0.35 per CAD 100 of assessment}

Since 1990-91, various responsibilities have been transferred to the school boards, to be financed by their self-generated revenue:

- 1990-91: financing of recurrent expenditure on facilities (CAD 312.3 million), *i.e.* facility maintenance and repair, housekeeping, energy consumption, and safety and security;

- 1996-97: financing of administrative expenditure related to the head offices of the school boards (CAD 165.1 million);

- 1997-98: financing of the administration of schools and centres [school principal and centre director positions, as well as administrative support staff positions (CAD 357.1 million)].

For 1999-2000, the total forecast for school board self-generated revenue was CAD 1 386.4 million, including CAD 978.8 million from school taxes and CAD 407.6 million from equalisation grants.

Operating grants from the MEQ

The method used by the MEQ to allocate resources to the school boards for educational expenditure is mainly based on per-student amounts. For purposes of consistency, the method used to finance recurrent expenditure on facilities is also based on per-student amounts rather than a space norm. MEQ allocations are based on student enrolments for the previous year and on per-student amounts that are different for each school board, depending on the maintenance requirements, remoteness and dispersal of schools.

Remoteness and dispersal are taken into account to compensate for the impact on expenditure of the distance between the school board head office and the region of Quebec City or Montreal, between the school board head office and the schools, and between the schools themselves. School maintenance requirements are taken into account to compensate for the discrepancy between the floor space used for educational and administrative purposes, regardless of occupancy rates, and the floor space financed by school taxes, which is based on a norm of

© OECD 2002

9.5 square metres per weighted student. If the discrepancy is equal to or less than 10% of the floor space used for educational and administrative purposes, 50% of it is taken into account. If the discrepancy is greater than 10%, 90% of it is taken into account. In 1999-2000, the maximum per-student amount for remoteness and dispersal is CAD 151.12, while the maximum per-student amount for school maintenance is CAD 171.12.

It should be noted that the per-student amount for school maintenance is intended mainly to help rural school boards that have experienced a significant drop in their student enrolments and consequently may be left with partly vacant buildings. In 1999-2000, allocations from the MEQ for facilities totalled CAD 30.3 million, including CAD 23.5 million for school maintenance and CAD 6.8 million for remoteness and dispersal.

3. Role of the school board

As long as the school board delivers the services it is required to provide, it may transfer resources allocated to finance recurrent expenditure on facilities to other budgets.

The school board may manage these resources itself or decentralise the budget to its schools and vocational and adult education centres.

Financing of capital expenditure

1. Expenditure components

Capital expenditure consists of expenditure for the acquisition of furniture, equipment and tools, the improvement or refurbishing of buildings, and new construction.

MEQ investments in the school boards for the 1998-99 school year totalled CAD 365.1 million. Over CAD 750 million was allocated for new construction in the last five years.

	1994-95	1995-96	1996-97	1997-98	1998-99	TOTAL
	In millions of CAD					
Projects in general education	39.4	104.0	30.3	112.0	39.4	**325.1**
Projects in vocational education	42.0	84.8	35.0	71.0	50.0	**282.8**
Modernisation of schools on the Island of Montreal	–	–	–	25.0	10.8	**35.8**
Kindergarten classes	–	–	110.2	–	–	**110.2**
	81.4	**188.8**	**175.5**	**208.0**	**100.2**	**753.9**

© OECD 2002

For comparative purposes, it may prove interesting to take a closer look at the portion of capital expenditure devoted to the improvement and refurbishing of buildings. In the last five years, total expenditure and expenditure per square metre for improvement and refurbishing were as follows:

	Total expenditure	Expenditure per square metre
	In millions of CAD	
1994-95	105.3	7.05
1995-96	110.3	7.35
1996-97	114.4	7.60
1997-98	134.7	8.89
1998-99	121.5	7.95

2. Financing

Most capital expenditure by the school boards is covered by allocations from the MEQ, which are financed by long-term loans. Debt servicing charges on these loans are subsidised.

In 1998-99, 85.7% of capital expenditure by the school boards was covered by allocations from the MEQ, 11%, by school board financing and 3% by other sources of financing.

MEQ *allocations*

There are three types of MEQ allocations to the school boards: the basic allocation, the additional allocations and the specific allocations.

1. The **basic allocation** is granted to cover the school boards' furniture, equipment and tool requirements as well as improvement and refurbishing requirements. The basic allocation is established *a priori* on the basis of student enrolments for the previous year, a base amount (CAD 45 175), and a per-student amount which varies according to the enrolment category. The per-student amounts were the following in 1999-2000:

	Furniture, equipment and tools	Improvement and refurbishing
	In CAD	
Kindergarten and elementary	23.47	67.91
Secondary general education	45.15	107.32
Secondary vocational education	Per programme	107.32
General education for adults	20.32	40.64
School day-care services	20.32	–

© OECD 2002

The per-student amount for improvement and refurbishing is based on a space norm of 9.5 square metres per kindergarten and elementary student, and 14.2 square metres per secondary student.

According to a recognised practice in Quebec, the annual replacement rate applicable to the improvement and refurbishing of buildings should be equal to 1% of the replacement cost of the buildings, *i.e.* CAD 1 000 per square metre. For the pre-school, elementary and secondary education system, this should translate into an annual investment of around CAD 150 million. Current allocations represent around 66% of this amount. The college and university systems fully comply with the 1% standard.

2. **Additional allocations** are granted to:
   - help meet the special needs of students with handicaps (*e.g.* hearing aids);
   - help the school boards set up school day-care services;
   - cover expenditure for the furniture, equipment and tools, or improvement and refurbishing requirements of school boards that run student residences.

In the first two cases, the school boards must apply for additional allocations, while in the third case, a per-student allocation is established *a priori*.

3. **Specific allocations** are granted for special purposes and are limited by the predetermined resources available to the MEQ. Their amount is definitively established following an analysis of the school board's financial report and it cannot exceed the amount of the actual expenditure. Specific allocations are granted mainly for the following purposes:
   - new construction in the general education sector;
   - new construction or refurbishing in the vocational education sector;
   - construction flaws and litigation;
   - shared-cost projects (projects financed in part by the MEQ and in part by the school board, using its basic allocation, *e.g.* roofing, mechanical systems);
   - the purchase of school buses;
   - the compensation fund (self-insurance plan; CAD 15 000 loss retention per claim);
   - materials that pose a health or safety hazard (minimum CAD 15 000 loss retention per project, *e.g.* asbestos);
   - vocational education facilities for the youth and adult sectors (the school board covers a third of the cost);
   - the acquisition of computer hardware in the general education sector.

161

© OECD 2002

In each of the above cases, the school board must apply for a specific allocation.

Financing by the school board

The school board may, at its discretion, use any accumulated surplus and its operating revenue (mainly from government grants and school taxes) to finance any capital expenditure that is not covered by a ministerial allocation. It may also use the revenue generated by the disposal of movable or immovable assets, subject to the minister's authorisation, where applicable.

Other sources of revenue

The other main sources of financing for capital expenditure include the contribution of municipalities to community projects, *i.e.* projects in which the municipality finances at least 40% of costs, the mandatory contribution of municipalities toward financing the cost of the land required for new construction in the general education sector, and the contribution of businesses to financing assets in the vocational education sector.

3. *Follow-up of new construction projects*

The main steps in carrying out a new construction project, once it has been authorised by the minister, are the following:

- receipt of a letter of authorisation from the minister specifying the amount allocated for the project;
- negotiation of service contracts for the drawing up of preliminary plans and specifications;
- submission of the plans and specifications to the MEQ for an opinion, if necessary;
- call for tenders and opening of tenders;
- receipt of a letter from the minister confirming the amount definitively allocated for the project;
- awarding of the construction contract (construction: 8-12 months at the elementary level and 12-16 months at the secondary level);
- acceptance of the work.

It should be noted that, when the school board receives a grant from the MEQ, it is responsible for complying with the regulation respecting construction contracts for immovables of school boards and the ministerial directive respecting professional services.

© OECD 2002

To comply with the regulation and directive, new construction projects must meet the following requirements:

- The need for new construction is justified by the gap between the increase in student enrolments over the next five years at the elementary level and over the next ten years at the secondary level, and the capacity of the schools.

- At the elementary level, the capacity of schools in a 20-kilometre radius is taken into account: there must be a need for at least 125 new student spaces.

For community projects, the community (*i.e.* the school board, the municipality and other bodies) must finance at least 40% of project costs.

The MEQ does not finance the acquisition cost of the land, which must be provided by the municipality.

4. *Management of long-term loans*

The school boards may be authorised to contract long-term loans in order to finance capital expenditure for which an allocation has been made under the annual budgetary rules and to refinance loans contracted for the purposes of capital expenditure that have become due. Section 476 of the Education Act provides for subsidies for the payment of the principal and interest on such loans.

A school board may also be authorised to contract long-term loans to finance capital expenditure that does not qualify for an allocation under the budgetary rules. In such cases, no provision is made for the payment of the principal and interest, which must be financed out of the general operating revenue of the school board.

The mains steps in contracting a long-term loan are the following:

- receipt of a letter from the MEQ authorising the school board to contract a long-term loan for an amount corresponding to all or part of the balance of the expenditure for which long-term financing is required, and asking the school board to adopt a resolution to this effect;

- forwarding by the MEQ to the *Ministère des Finances du Québec* (MFQ), Quebec's finance department, of the letter of authorisation and of the resolution adopted by the school board;

- signing of a purchase agreement between the MFQ and a lender for the issue of debt securities;

- adoption of a resolution by the school board ratifying and confirming the terms and conditions of the issue;

163

- signing by the MEQ of a certificate confirming the granting of a subsidy, of a letter stating the terms and conditions of the issue, and of a trust agreement.

In the above process, *Financement-Québec*, an organisation under the authority of the MFQ, negotiates with brokerage firms to identify potential investors.

5. *Role of the school board*

Subject to the delivery of the services it is required to provide, the school board may transfer resources from its basic allocation to its additional allocations and *vice versa*. These resources are used to finance either capital expenditure for the current fiscal year or expenditure for the repayment of the principal of long-term loans contracted by the school board to finance capital expenditure and the repayment of the principal of capital leases. Any surplus resources are transferred to the subsequent year and are not included in the current year's revenue.

The school board cannot transfer resources from specific allocations to its basic allocation or to additional allocations. The school board defrays any expenditure in excess of its specific allocations using other resources at its disposal, as it sees fit.

Projected changes to the current financing method

Work is currently under way with representatives of the school system to review the method used to determine basic allocations for capital expenditure relating to the improvement and refurbishing of buildings. Work to date has shown that the age of buildings is a factor that should be taken into account in resource allocation. The equation as it now stands includes the following factors:

- the floor space used for educational and administrative purposes (excluding rented space and temporary buildings such as portable classrooms);
- the weighted average age of the buildings;
- student enrolments;
- location.

Research and development related to the financing of educational facilities

The *Direction générale du financement et des équipements* (DGFE), the MEQ's division in charge of financing and facilities, is currently restructuring. It has just created a team in charge of policy projection and development.

This division is responsible for:

- examining policies and practices in other countries as regards the financing of elementary and secondary education, including school taxes;

© OECD 2002

- conducting research with a view to developing new methods for the allocation of resources for educational facilities and investments;
- conducting comparative studies on the optimal management of student spaces, preventive maintenance and energy consumption.

In addition to the above-mentioned research areas, the division will also examine a number of more specific questions, including the following:

- Are property taxes an appropriate means of financing educational expenditure?
- Would it be advisable to levy a sector tax to defray the cost of new school construction?
- Could the cost of vocational education facilities be financed through a non-residential property tax?
- What method should be adopted to calculate the capacity of existing and planned educational facilities?
- What policies should be adopted regarding the utilisation and optimal management of student spaces and, more specifically, regarding existing spaces (surplus spaces) and the disposal of buildings?
- What method and quantum should be adopted to allocate resources for the improvement and refurbishing of buildings?

In light of its research and development needs, the MEQ deems that it would be useful to create an information-sharing mechanism or, better, a joint research team on topics of common interest. Any non-governmental organisation, public or private research organisation or authority with jurisdiction over education finance could contribute according to its own interest.

© OECD 2002

Financing Educational Building and Contractualisation in Higher Education in France

by

Thierry MALAN

Inspector General for Administration, Ministry of National Education, Paris

Introduction

France's policy with regard to financing educational building has been marked since 1982 by a major transfer of responsibilities to the regional and local authorities (three levels of regional and local authority; in metropolitan France: 22 regions, 96 *départements* and more than 36 000 communes).* The said transfer relates to educational planning, the financing of the construction, maintenance and material operation of educational buildings, and school transport systems.

The transfer has been accompanied by increased decentralisation of the management of educational buildings, with the latter gaining a degree of pedagogical, administrative and financial autonomy, while the authorities representing the state in the regions and *départements* have likewise been given responsibility for tasks previously in the hands of central government.

Where the construction of university buildings is concerned, although responsibility for the corresponding investment and functioning rests entirely with the state, the same period also saw a growing role being played by the regional and local authorities. The latter saw an advantage in participating in the financing of the higher education infrastructure, the object being to attract institutions with high value added from the point of view of regional planning and economic and social development. The measures concerned involved the regions, *départements* and towns providing increasing support for universities in the form of plan contracts between the state and the regions.

---

* Metropolitan France alone; to which must be added the overseas *départements* and territories (DOM-TOM) which comprise four regions/*départements*, *i.e.* a total of 26 regions and 100 *départements*. The 22 regions (in metropolitan France) contain 26 *académies*, which are French national education districts.

© OECD 2002

Financing educational building

1. Sharing responsibilities

Decentralisation has transferred:

- to the *départements* the responsibility for the construction, fitting and material functioning of *collèges* (first-cycle secondary education) and for school transport;

- to the regions the responsibility for continuing occupational training, for the construction, fitting and material functioning of *lycées* (those providing general and technological education, those providing vocational training, those providing both vocational and traditional education, upper secondary schools), and schools providing special education.

Communes were already responsible for primary and nursery schools. In fact, because of their heterogeneity and the vast number of rural communes, out of a total of 36 000 communes, 1 000 had no school, even though pre-school enrolment (non-compulsory) is 100% among three- to five-year-olds and 36% among two-year-olds.

At national level, the Ministry of Education, Research and Technology has kept overall responsibility for national education as a public service. It is thus the ministry that defines the broad objectives of education policy, guidance as regards teaching and course content, study programmes and diplomas. It determines the conditions under which staff are recruited, managed and trained and their pay. It is responsible for spending on staff and on teaching aids:

- In investment terms, it is responsible for the basic computer, office automation, electronic and telematics equipment, and for fitting the technology workshops in *collèges*. In fact, it mainly keeps new technology equipment, *i.e.* that which is very much part of the plans to renew teaching programmes.

- In operating terms, it is responsible for the maintenance of this equipment, the provision of textbooks in the *collèges* and teaching documents in vocational *lycées*, and educational research and experimentation.

Where building is concerned, the Education Ministry has kept responsibility and is completely in charge as regards higher education and 12 specialist secondary-level institutions with a national and international role, *e.g.* the technical *lycée* for photography, cinema, picture and sound.

The ministry has the statistics and information system needed to assess policies, foresee staffing requirements and forecast and understand trends in the education network. This national and regional information system has been substantially developed in order to equip central government with the instruments it needs to steer through and assess the decentralisation process.

© OECD 2002

The state therefore retains control over the main elements of the budget, *i.e.* staff salaries and educational expenditure, and also subsidies to the regions and *départements* for financing educational building. Through post allocation it is able to pursue a policy aimed at reducing regional inequalities and narrowing differences in enrolment rates. It is also required by law to take account of the constraints specific to certain areas that are socially deprived or where housing is very scattered.

2. Identifying needs and planning investment

At regional and local level, educational planning at secondary level breaks down into four main phases:

- **Forecast training plan:** This is the old map of school locations (*carte scolaire*), which is drawn up by each region, with the agreement of the *département*, on the basis of forecasts of numbers carried out by the ministry, the education authority and the region itself.

- **Forecast investment programme (PPI):** This is drawn up by the region for its *lycées*, by agreement with the *département* and the communes where the schools are located, and by the *département* for its *collèges*, by agreement with the communes where they are located. The programme establishes the location, how many pupils the schools can accommodate and how they are to be housed.

- **Drawing up of the establishments' educational structures:** The latter are determined by the rector and inspectors in each educational area (*académie*), who are representatives of the Ministry of Education, Research and Technology. The said structures indicate what education is given and how it is organised (sections, options, specialities) and also determine how staff are allocated.

- **Annual list of operations:** This is drawn up by the prefect, *i.e.* the representative of the state, on the basis of the forecast investment programme (PPI). He cannot include operations that are not in the PPI. The state undertakes to provide the educational establishments on the list with the posts deemed essential to their proper educational and administrative functioning. Inclusion on the list also means that the operation can be financed by means of specific state grants. It is the drawing up of the list that in principle ensures that all the partners involved in the planning process intervene in a consistent manner.

3. Financing responsibilities and methods

The laws on decentralisation sought to establish homogeneous "sets of responsibilities", meaning that each of the three levels of regional and local

169

authority is responsible for the building, rebuilding, extension, major repairs, fitting and functioning of one of the three types of educational establishments corresponding to the three levels of primary and secondary education: first level, first cycle and second cycle of the second level (primary and nursery school, *collège* and *lycée*).

The laws provided that the costs thus transferred by the state to the regional and local authorities would be fully offset. The base year was 1985, when there were some FRF 3 billion to be transferred, with appropriations for the following years being updated as necessary.

Where the first level is concerned, the communes remain responsible for investment, as in the past. The state has not awarded any specific subsidies for building in the first level since 1984, but account is taken of this particular sector when it comes to calculating an overall capital allocation made to communes. It is the municipal council that decides on the creation and location of state primary and nursery schools, having first secured the opinion of the government representative (chief education officer) who awards and withdraws teaching posts. The state is responsible for teachers' pay.

Second-level educational investment has been excluded from this round-up so as to guarantee that a rate of building consistent with national targets for increasing school enrolment is maintained. When responsibilities are transferred to the regional authorities, the appropriations in respect of government investment expenditure are redistributed to the said authorities in the form of specific subsidies. Overall, the regional authorities in fact devote more to educational building than they receive in subsidies from the state.

Two specific subsidies have been created:

• regional educational facilities subsidies for *lycées* (DRES);

• departmental facilities subsidies for *collèges* (DDEC).

Regions and *départements* use the said subsidies for operations which are part of the multi-year training programme, the forward investment programme and, where new school building is concerned, the annual list of operations. The latter list includes only those new educational buildings and extensions for which the state guarantees to provide the posts that it deems essential.

The two subsidies are divided up at national level every year on the basis of national targets regarding how the school population is to be catered for. In calculating the subsidies, which are allocated by the Ministry of the Interior and Decentralisation, account is taken of a weighted set of parameters that makes them to some extent automatic:

1. Regional educational facilities subsidies for *lycées* (DRES):
   – 60% on the basis of the present capacity of the premises, of which:
     30% for the gross area of the educational buildings;
     5% in respect of the surface area of schools built before 1973;

© OECD 2002

5% in respect of the surface area of movable classrooms;

20% in respect of the *lycée* population.

  – 40% in respect of the school-age population, of which:

25% in respect of the number of births recorded in the region between the tenth and seventh year preceding the award of the subsidy;

15% in respect of educational backwardness in the region.

2. Departmental facilities subsidies for *collèges* (DDEC):

  – 70% in respect of capacity, of which:

30% in respect of the total surface area;

15% in respect of the surface area of schools built before 1973;

5% in respect of the surface area of movable classrooms;

20% in respect of the *collège* population.

  – 30% in respect of the school-age population, of which:

25% in respect of the number of births recorded between the seventh and fourth year preceding the award of the subsidy;

5% in respect of the ratio of the *collège* population to the surface area of the said *collèges*.

Public and private educational establishments providing initial technological and vocational training, like apprentice training centres, can also finance their equipment needs with the help of an apprenticeship tax paid by companies, which is equal to 0.5% of their previous year's wage bill. The said establishments received FRF 3.8 billion under this heading in 1996.

4. *The impact of decentralisation on financial contributions*

With the introduction of decentralisation (effective from 1986), total financing received by the local authorities as a whole rose from 14.5% of financing of overall spending on education in 1982 to 18% in 1992 and 20.4% in 1998.

An advisory committee on cost calculation (CCEC) was set up to calculate the costs deriving from the transfer of responsibilities from the state to the regional and local authorities. The regions devote half of their expenditure to *lycées*, occupational training and higher education. However, their participation often far exceeds the subsidy from government: in 1993, for example, the central region had an investment budget for *lycées* which was eight times higher (at FRF 793 million) than the DRES (FRF 102 million), while the Burgundy region had a DRES of FRF 38 million in 1987 and invested an additional FRF 64 million in its *lycées*.

The *départements* devote some 6% of their expenditure to *collèges* (but their responsibilities are broader than those of the regions, particularly with regard to work on fitting them and to health and social matters). Where school transport is concerned (which was entirely the responsibility of the *départements* with effect from 1 September 1984), expenditure doubled between 1984 and 1991, from FRF 3.2 to 6.6 billion.

© OECD 2002

The communes contribute to expenditure by the *départements* and regions (especially those communes where educational establishments are located) to a very variable degree. Often, they provide the site for the school free of charge.

These new responsibilities have increased the costs incurred by the regional and local authorities. As decentralisation has progressed, it has been accompanied by higher local taxes and increased local authority borrowing: borrowing by regions almost doubled between 1986 (FRF 13 billion) and 1991 (FRF 23 billion).

Central government has continued to make other contributions to school building, *e.g.* in the form of subsidised loans. 1999 saw the launch of an action plan for the future of the *lycées*, the main aim of which was to enable the regions to carry out building work and alterations designed to improve everyday life in *lycées*. This was achieved by the state deciding to help the regions to take out loans totalling FRF 4 billion by opening lines of credit offsetting the cost of the said loans.

Unexpected events in education often result in new state aid being forthcoming, examples being the FRF 2 billion for the fund for *lycée* renovation in the wake of major demonstrations or to help regional and local authorities to cope with natural disasters and safety risks (accident and fire risks, asbestos removal, etc. 1995 saw the creation of a national observatory for safety in school and university buildings). Aid is also available for educational establishments to acquire new technologies.

The contractualisation of the development of higher education

Regional and local authorities began to play a bigger role in the funding of higher education in the 1990s. Although legally this was entirely the state's responsibility, the said authorities saw the importance that higher education could have for their own development. The result was that many towns financed "branches" and then the "relocation" of universities from neighbouring towns by providing premises and paying for teachers' travel and the courses dispensed. Many of the above subsequently became higher education centres or even fully-fledged universities. To cope with increased student numbers in the 1990s, the state sought to harmonise these local initiatives by means of a "university map", the overall objective being to promote regional development and limit wastage and excess capacity.

Their investment effort apart, and except at the outset when they want to consolidate the existence of the above "branches", or when they are seeking to support specific and clearly defined measures (the creation of new vocational courses or schemes in favour of students), the regional and local authorities have no intention of taking the place of the state as regards operating expenditure, which they consider to be entirely the government's responsibility.

© OECD 2002

Regional and local authority action has become increasingly contractual in nature, with investment plans ("University 2000" and now "U3M" or the University of the 3rd Millennium) laying down the broad outlines of how higher education is to develop. These outlines are established in co-operation with the regional and local authorities, as part of plan contracts between the state and the regions, enabling each side to negotiate their priorities as regards capital equipment planning: state-regions plan contracts for 1994-98, lasting five years, and now 2000-06 plan contracts which are in preparation and will cover a seven-year period so as to coincide with the European structural funds.

The state can make the regional and local authorities responsible for the construction and extension of higher education establishments (Law of 4 July 1990), provided the latter undertake to provide at least two thirds of the financing. The four-year "University 2000" plan launched in 1991 (FRF 3 billion) was 53% financed by the regional and local authorities. The *Loi d'orientation pour l'aménagement et le développement durable du territoire* of 25 June 1999 stipulates the preparation of outline plans for the community services provided by higher education and research. The stage now reached in that process is the preparation of the "U3M" plan. The "U3M" plan (2000-06) fits into a new context of stability of student numbers. It is not confined to the building of extra square metres, but instead covers the development of research and the links between higher education, research and business. It seeks to promote the development of inter-university co-operation and networks. It is designed to prevent wastage due to the uncontrolled development of neighbouring establishments working in the same fields. Adding to this co-operation will be regional and local contracts with the *départements* and large towns. Investment is set to total FRF 36 billion (shared equally between the state and the regional and local authorities), to which should be added FRF 7.4 billion of non-plan contract funding for safety measures.

Conclusion

The regional and local authorities have assumed their new responsibilities, devoting some of their own funds to educational building, in addition to the subsidies received. They have made substantial contributions to investment in universities.

As a result of the system that has come into force, both in legislative form and in practice, whereby responsibilities are shared between the state and the regional and local authorities, the state has been compelled to be clearer about its education policy objectives and how to attain them and, in negotiating their implementation with its partners, to take account of the individual situation of the latter. The transfer of responsibilities has thus been accompanied by increased

© OECD 2002

consultations between the state and the regional and local authorities, especially in the form of plan contracts between the state and the regions.

As a result, the state's share in the overall financing of the education sector fell from 69% in 1980 to 64.7% in 1998, while the regional and local authorities' share rose from 14.3% in 1980 to 20.4% in 1998, these shifts being due to both the decentralisation laws and the authorities' involvement in higher education (the other sources of financing being other levels of government: 2.2%, business: 5.8% and households: 6.9%).

© OECD 2002

European Investment Bank Experience with Investments in Educational Buildings[1]

by

Agustín AURIA *and* **Olivier DEBANDE**

European Investment Bank, Luxembourg*

Introduction

The involvement of the European Investment Bank (EIB) in the education sector was significantly expanded when its mandate was reinforced in this area in June 1997, at the Amsterdam Summit of Heads of State. After the Cologne Summit in 2000, the mandate was extended to the candidate countries. Intervention is eligible at all levels of education and with regard to different needs – modernisation or construction of schools and universities (general or vocational), wider programmes of school and education infrastructure including software, training programmes and support for research and development. Projects are appraised taking into account regional or national education policy. The impact of a project on the current and future development of the education system concerned is examined.

The remit of the EIB is not to develop a European education policy. In compliance with the subsidiary principle, action in the field of education is essentially the responsibility of the Member states, which are simultaneously the shareholders of the EIB, and, hence, at the source of the definition of the EIB strategy. EIB intervention has to be consistent with the policies defined at the European and national levels, which define the strategic context of the project evaluation by the Bank.

The purpose of this paper is to review the EIB's experience in terms of appraisal of investment in educational buildings and to address issues arising from the opportunity to have recourse to public and private partnership in the financing of new investments in education. The paper focuses particularly on the economic analysis of educational projects.

---

* The views expressed here are the authors' own and do not necessarily represent those of the European Investment Bank.

© OECD 2002

At the time of the appraisal of educational projects, performance indicators are defined at the Bank in order to ascertain the economic justification of the project and allow for future monitoring. Satisfactory performance, as measured by these indicators, will mean that the project has demonstrated its social and economic value and has provided a cost-effective solution to the needs of the population *ex post facto*.

EIB and investment in education

1. EIB *activities*

The EIB is a unique European institution. The Bank's shareholders are the Member states and its mission is to promote the balanced economic development within the European Union (EU) by making long-term and cost effective finance available for sound investment projects. Within the Union, projects considered to be eligible for EIB financing must contribute to one or more of a limited number of social and economic objectives.

The Bank operates on a very significant scale, *i.e.* in 1999 the Bank made long-term loans amounting to EUR 31.8 billion, 87% within the European Union. The balance goes to prepare Eastern European countries for possible EU membership or to support the development needs of over 100 other countries outside Europe. The EIB's funds for lending are raised on the world's capital markets and, thanks to its excellent credit rating, the Bank has access to capital on the most favourable terms possible. But EIB is also a non-profit institution and so is able to pass this advantage directly to borrowers. To preserve this credit advantage, the EIB has to apply strict credit criteria to all loans. The EIB, however, is also a public institution. As such, it has a duty to ensure that its projects are not only financially sound but also economically worthwhile.

The EIB finances large-scale projects by means of individual loans (upwards of EUR 25 million) concluded directly with promoters or through financial intermediaries. EIB loans in support of projects may be granted to public or private borrowers who have a sound financial position. Small and medium-scale projects (up to EUR 25 million) are funded indirectly through "global loans" corresponding to credit lines made available to banks or financial institutions operating at European, national or regional level. Finally, EIB loans should normally not exceed 50% of total project cost.

2. EIB *involvement in education*

The EIB finances capital investment in education (*e.g.* building of new schools, refurbishment of existing educational facilities, etc.) and is not involved in the funding of current costs or research programmes in education. To be considered,

© OECD 2002

the educational project has to meet eligibility criterion, *i.e.* to contribute in some way towards the supply of a skilled and adaptable workforce in relation to efficient labour market, and for the promotion of regional development.

Investment in education has attracted much attention from decision-makers at the European, national, regional and local levels. Education is considered as a potential response to the consequence of the globalisation of the economy and to the emergence of a skill-biased technological evolution. Despite the cultural and organisational differences between countries, the biggest share of the financing of education is provided everywhere by the public sector. The percentage of educational expenditure of the GDP is relatively stable (around 5-7%), but in recent years, a reduction in the share allocated to investment in educational facilities has been observed. As education is essentially a labour-intensive activity, the increasing demand for education, especially in upper secondary and higher education, has been met through some internal transfer in favour of current expenditure in order to stabilise the size of the educational budget.

The action of the EIB is complementary to the financing of education by public authorities in the various European Member states. EIB intervention in education has expanded since the start of the ASAP programme. Cumulative direct investment for educational projects is around EUR 2.3 billion. The average size of the projects financed by the EIB is around EUR 69 million and a large dispersion of the size of the educational projects within the sample is observed. Projects in education are relatively smaller compared to other infrastructure projects. In terms of the repartition between the different levels of education, projects have been more concentrated on higher education (about two thirds of the projects). In higher education, projects concern both universities and vocational higher education institutions. The situation is changing due to the rapid intake of public/private partnership projects in the United Kingdom concerning primary and secondary schools.

The action of the EIB has concerned the financing of capital investment related to reduction of class size, safety requirements or repair work, inadequate buildings and expansion of existing educational facilities. Even if the impact of buildings on education attainment is ambiguous in scientific literature, a link exists between the educational environment (or educational resources in terms of spending per pupil, pupil/teacher ratio) and pupil achievement. Krueger (1999) and Krueger-Whitmore (2001) have identified a positive relationship between educational spending and student achievement, according to recent studies in the United States. Based on the result of the Tennessee STAR experiment, which randomly assigned 11 600 elementary school students and their teachers to a small class, regular-size class or regular-size class with a teacher-aide, those studies show that attending a small class in the early grades is associated with somewhat higher performance on standardised tests, with a larger effect for pupils from a minority or low socio-economic background. Those results have to be related to

© OECD 2002

other recent American studies[2] demonstrating that pupils' achievement (measured by test scores) and student behaviour (measured by attendance and exclusion) are positively affected by the quality of the educational building. After having controlled for socio-economic status, those studies show that achievement scores were lower for pupils studying in schools with poor building conditions. The quality of the school buildings may account for as much as 5 to 17 percentile rank points in student achievement scores. In addition, more cosmetic factors of the educational buildings, like a noisy external environment, graffiti and dirty buildings, also play an important role. Angrist and Lavy (1999) have observed the same type of positive relationship between reduction in class size and test scores for a sample of Israeli public schools.

A recent study[3] for the United Kingdom has also examined the relationship between school size and examination performance in secondary schools. Exam performance increases with school size but at a decreasing rate. More precisely, exam performance is maximised at a school size of around 1 200 pupils for 11- to 16-year-olds and 1 500 pupils for 11- to 18-year-olds. As a consequence, school reorganisation is also important. Overcrowded classes affect the ability of teachers to provide good quality teaching, and correspondingly reductions in the class size allow to improve the quality of the classroom activities.

Figure 1 attempts to illustrate the relationship between physical school stock and educational attainment.

There are two main ways through which the physical school stock can affect educational attainment: the school facility route (referring to the schools *per se*) and the school learning environment route (referring to what is brought into these schools). These routes affect educational attainment through pupil and teacher behaviour. For example, a poor learning environment is likely to have a negative effect on pupil behaviour in lowering attendance and performance, increasing exclusion and possibly vandalism. Teacher turnover rates and absenteeism may also be affected. Such effects induce costs and affect educational attainment negatively. Improving the school facilities, and in particular providing an attractive learning environment to pupils, teachers and staff, will improve educational attainment.

The impact of the design of educational buildings on pupil performance and on their behaviour in France has been addressed in detail by Derouet-Besson (1998) showing the deleterious impact of inappropriate design of schools with respect to the needs of users. In addition, the improvement of the quality of teaching, as well as the implementation of new teaching methods integrating information technology will require additional investments in the education sector.

Beyond the impact of improved educational buildings on pupil achievement, additional capacities can be required to face an increasing demand for education

© OECD 2002

Figure 1.   **Physical school stock – educational attainment**

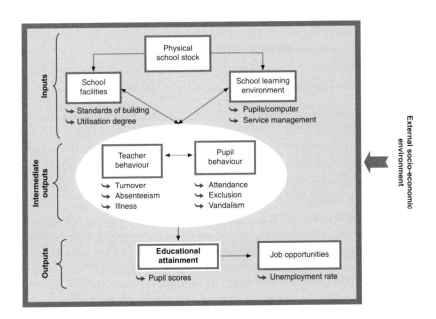

(particularly for upper-secondary schools and higher education) due to demographic factors or social aspirations.

It should be recognised that an administration will rarely carry out a building expansion or refurbishment scheme on its own. More often, there will be complementary programmes – school budgeting/management, teacher training, ICT re-equipment, etc. – which will produce benefits in the school either on their own or in synergy with the new buildings. The feasibility or even usefulness of unscrambling the two effects is usually doubtful. However, there is a case to do so, while recognising its difficulty – given that investment in education is a substantial commitment, it is reasonable that there should be some capital budgetary process.

EIB approaches on educational investment appraisal

Beyond the strategic context and the appropriateness of the project with the European, national or regional objectives, the proposed investment needs to be carefully appraised and should demonstrate its economic value. The evaluation of an investment project or programme needs to be considered in a system or country wide perspective. An essential part of the analysis of the investment is to look

© OECD 2002

at its implication for the functioning of the education system, and its appropriateness with regard to the priorities or objectives defined at the national or regional level. To be able to ascertain the validity of the investment, we evaluate the implications of the project according to our understanding of the needs of the education system under consideration.

1. Appraisal methodology

The appraisal process includes the following basic steps described in Figure 2: *i*) identification of a need to be solved; *ii*) definition of the strategic context referring to the aims and objectives of the institution, the strategic plan or the estate strategy; *iii*) definition of the objectives of the project; *iv*) identification of the different options or alternatives to achieve the objective; *v*) identification and quantification of the costs and benefits for each option; and *vi*) comparative analysis.

Clear and transparent objectives are very important, and the promoters of the project have to define them precisely at an early stage of the appraisal exercise. The promoter should also specify the alternatives that were considered. The alternatives should include a baseline alternative that is often defined as continuing the status quo. The benefits and costs of the alternatives should then be measured in relation to the baseline. To each of the different objectives, we can associate outcomes or benefits. To produce these outputs or benefits, inputs like

Figure 2. **Appraisal process for educational projects**

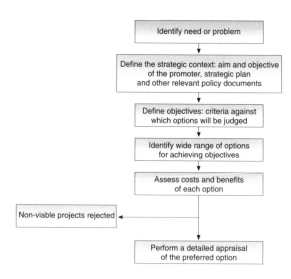

© OECD 2002

student time, teachers, material, equipment and physical facilities have to be used, and the resources devoted to these inputs constitute the costs of education.

Depending on the identified objectives, the focus of the appraisal is different. In a system where the current objective is to remedy under-supply of educational buildings in order to preserve the quality of education, the evaluation of the project will be based on earnings differentials compared to educational costs including the investment cost. If the project aims to improve the quality of the teaching process due to overcrowded classes or lecture rooms or due to high rates of dropout or repetition, the evaluation will focus on the savings, both monetary and other, achieved by providing a better educational environment.

In practice, there are two important challenges in the appraisal of an educational project. First, the relationship between the output of the education system and the inputs used in the production may not be well identified. Differences in the quality of the inputs (educational as well as parental inputs) can affect the relative effectiveness of schools. Second, the mullet-product dimension will require the assignment of some weight to the outputs of the education system. Since market prices cannot be used due to severe market imperfections (or perhaps the complete absence of a market), the definition of weights has to be carefully addressed.

Valuing costs and benefits

Within the appraisal, we identify the benefits and costs associated with the project, and separate those that can be valued in monetary terms. Data does not always allow to estimate an economic rate of return (ERR) but in all cases, it is essential to have an appropriate "road map" to decide whether a project is economically and socially acceptable or not. It will also require analysing the effect of variations in timing, and any risks and uncertainties involved.

On the cost side, the analysis of the project can distinguish between the different kinds of educational costs. We can identify three major cost components in a project. The first set of costs corresponds to market costs, *i.e.* costs that can be easily measured in monetary terms. They may be borne by government, households (directly or indirectly through the payment of taxes depending on the financing source), NGOs, private foundations, etc. They include direct expenditure on tuition, textbooks, transportation, cost of student living, equipment, instruction costs and so on. Within the Bank, because of our remit, particular attention is devoted to capital costs, such as land, demolition, construction or refurbishment costs. Running costs are an important issue for buildings projects, especially for projects generating substantial cost savings due to better maintenance, power and heating systems. Finally, costs of other features affected by the project have to be incorporated, like ease and availability of access to buildings, environmental factors, and costs of retaining and disposing of vacated accommodation.

181|

© OECD 2002

The second set of costs, in the case of non-compulsory education, corresponds to "opportunity costs", *i.e.* student's foregone earnings – measured by the loss of earnings due to the fact that students may have to give up or take a job or at least not work as many hours to continue their studies – and foregone taxes. The opportunity cost measured in terms of foregone earnings is one crucial dimension in the cost-benefit analysis, particularly for higher education. Time spent in school or in preparation for school is not costless, since students could have utilised this time to earn income in an occupation open to individuals of their age, education and ability level. The third set of costs corresponds to foregone leisure.[4] This is a particular opportunity cost resulting from the participation in an educational programme.

On the benefit side, the same distinction can to be made between market and non-market benefits of educational investment. The following major categories of benefits can be identified. The private benefits correspond to the present value of future income gains of the programme participants. If individuals are paid according to their marginal productivity, and educational investments increase it, then their income will also rise; this also represents a social benefit of the investment programme.

But participants in an educational programme do not reap all of the benefits of their greater productivity since they pay higher income taxes on their higher income. Hence, participants gain in increased after-tax earnings and other people in society gain the present value of future tax increase. Other monetary benefits of the project would include fee income from further student enrolment, research income or income from third party use of facilities.

The third set of benefits corresponds to the benefits related to the improvement of the internal efficiency of the system. If the investment reduces the repetition rate it will produce savings in the costs – the same resources will only be used once – which can be accounted as benefits. Reductions in dropout rate will mean that a bigger cohort will be able to enjoy higher after-tax earnings since they will stay longer in the education system.

The fourth set of benefits corresponds to the intangible benefits – whether private or social – or positive externalities. A comprehensive appraisal of the investment should capture all schooling's effects, and not simply those recorded in the labour market. The major difficulty related to the evaluation of these intangible benefits is their non-monetary dimension. For example, the consumption of educational services – "entertainment" benefit – corresponds for many individuals to an enjoyable experience and one for which "willingness to pay" exists. In addition, schooling may modify tastes increasing the enjoyment of activities such as reading, music or art. This type of benefit is only internalised by the individual participating in the educational programme. Unlike this entertainment effect,

© OECD 2002

crime reduction will generate externalities for the whole community and have a positive effect on society. But education creates many other externalities. Just to name a few: Education not only makes people more productive but also contributes to the productivity of others (see the development of the endogenous growth theory). Higher educated people become more adaptable and better able to keep up with technological change, and a more mobile educated population will lead to a better spatial allocation of production factors. Finally, benefits are related to better socialisation and to fostering social cohesion. In practice, some of those non-labour market benefits can be evaluated using proxy. For instance, the location of new buildings for student accommodation might be compared by including the costs to the students of using public transport.

Any appraisal of an educational investment based on the quantification of those costs and benefits will require additional consideration. On the supply side of the "educational market", if the education institution is operating at full capacity, adding one more student pushes the institution along a rising supply curve and raises average costs for all other students. The existence of some indivisibilities in the production of pupils or graduates has to be taken into account when considering investment in new educational facilities. On the demand side, the expected gains in terms of higher earnings will strongly depend on the labour market situation. If the occupation for which these participants are being trained is crowded, in the absence of rationing, more students will push down the wages of all graduates, generating losses for non-participants.

Selecting the appraisal methodology

It is impossible to find a topology to categorise projects by type of appraisal methodology. Any classification proposed will be artificial and very restrictive. Two projects "apparently equal" may have different methodological approaches depending both on *i)* the project context and *ii)* the availability of data.

Depending on the objectives of the project (for instance, providing new facilities or improving the quality of already existing educational facilities), the level of education considered or the nature of the buildings (general facilities like libraries, student accommodation or teaching facilities like lecture rooms and laboratories), the tool for evaluating an educational investment will differ.

• Cost-benefit analysis

Cost-benefit analysis is appropriate for projects where costs and benefits can be evaluated in monetary terms. This approach rests on a proper identification of the costs and benefits of the projects and on the ability to express them in monetary terms. Often, the estimation of the rate of return is mainly focused on the investment benefits and does not explicitly consider consumption and external

183|

© OECD 2002

benefits, which are likely to be considerably larger than the direct market impacts of education on net earnings. Therefore, the obtained estimate of the economic rate of return can always be seen as the lower scale of the true social rate of return.

According to human capital theory, education enhances skills of an individual and thus raises his productivity. In a competitive labour market, a more productive individual will have higher earnings. The estimation of the rate of return can be done by discounting the stream of benefits and costs associated with the project: the investment will be undertaken if the discounted stream of benefits outweighs the discounted stream of costs. Depending on the nature of the project, the benefits of education can be measured by estimating the additional lifetime earnings, or by computing the savings to the government to reduction in repetition rates, for example. The computation of the rate of return should include externalities – both costs and benefits – in order to have a complete evaluation of the project. The ability to take into account such externalities will depend on the availability of data and on the ability to convert some measures in monetary terms. The observed rate of return will also depend on labour and social policies influencing employment and earning opportunities.[5]

For some projects where rates of dropout and repetition are a particular issue, the cost-benefit analysis is related to an evaluation of the internal efficiency of the system. Education production is said to be more internally efficient when producing more outputs with the same level of inputs. Indicators of internal efficiency include the number of years it takes to produce a graduate, the percentage of a cohort completing a certain level of education, pupil/teacher ratios and students/classroom ratios, student learning scores, dropout rates and graduation rates. These types of indicators can provide information on other aspects of a project's evaluation, *i.e.* on market and non-market benefits of the project.

In the case of the development of a university campus in one Member state, we have computed the economic rate of return on the basis of the fact that upgrading the physical infrastructure will increase the quality of education, resulting in a decrease in the dropout and the repetition rates. For another higher education institution where the quality of education is acceptable, the computation of the rate of return was based on the expected incremental earnings for the students attending the institution. In this latter case, the main objective of the project was to expand the existing infrastructure to allow for an increase in the enrolment of students.

• Cost-effectiveness analysis

Cost-effectiveness analysis is an appropriate methodology to evaluate educational projects when the benefits do not have a readily accessible market price or

© OECD 2002

are not easily measurable in monetary terms. This methodology has been used to evaluate projects in primary and secondary education.

In this approach, inputs are usually measured in monetary terms while outputs are evaluated in non-monetary units such as test scores, number of graduates, number of research papers, etc. Cost-effectiveness allows to evaluate costs as well as effects of a given educational project and hence to consider basic questions such as:

- For a given level of effectiveness, which projects are the least costly?
- For a given level of costs, which projects maximise the level of effectiveness?
- Which projects maximise the cost-effectiveness ratio?

One problem with this approach is how to have an appropriate measure of quality when using physical units of output. In other words, when a product is homogeneous, the physical unit adequately conveys the attributes of the output. But, for example, in the case of higher education, outputs differ substantially in quality. In cost-benefit analysis, this effect is captured, in principle, by the increment in the market wage of graduates, but is absent in cost-effectiveness analysis. This quality dimension constraint is still more important when one has recourse to partial productivity indicators (like the output of graduates per number of academic staff). In this case, both inputs and outputs are measured in physical units, and available statistical data and methodologies do not attempt to control quality. This aspect is particularly relevant in the case of an educational project.

In addition, to be compared, the different projects have to produce the same type of outcomes, i.e. if a programme induces only efficiency effects while another one equity effects, the comparison between the two projects becomes relatively complex. To take into consideration multiple outcomes of the educational process, we can undertake a weighted cost-effectiveness analysis. In this case, we apply different weights to each outcome. Dividing the weighted scores by the cost of the corresponding intervention gives the weighted cost-effectiveness ratio. For instance, if we consider two outcomes – test scores and access of low-income families – for a given project, we can attach a high weight to the access dimension if this is the dimension we want to promote. One obvious limitation of such an approach is the subjective nature of the weight attached to each dimension.

One additional difficulty is the notion of effectiveness we consider, i.e. intermediate or final. For example, for a given educational project, the effectiveness can be defined either in terms of the number of graduates produced or in terms of individuals for whom the labour market provides a job corresponding to the level of qualification they have acquired. In the first case, we consider some intermediate notion of effectiveness and in the second case, the final effectiveness of the educational project. A related consideration concerns taking into account external benefits in cost-effectiveness evaluation. To the extent that

© OECD 2002

non-cognitive effects can influence a person's performance in the workplace or the quality of life after school, it has to be included in the analysis. Schools may be internally efficient in raising test scores of students but externally inefficient in socialising students for their adult life.

The cost-effectiveness approach has been used for the appraisal of a compulsory educational project in one Member state. The underlying assumption was that bringing the secondary schools estate up to appropriate standards has an important contribution to make to enhancing the scholastic achievement in the area by higher educational attainment (measured by test scores) and enhanced pupil behaviour (measured by attendance and exclusion). Different indicators have been used to assess the cost-effectiveness of such a type of project.

2. Monitoring and performance indicators

Investment in education generates long-lasting effects, which need to be monitored in order to evaluate their contribution to the economic and social objectives pursued by the Bank (*i.e.* the financing of projects contributing to the balanced and sustainable economic and social development of Europe). Performance indicators[6] are quantitative or qualitative measures of the *ex post facto* success in efficiently and cost-effectively achieving *ex-ante* educational objectives. The implementation of those performance indicators is closely related to the first step of the appraisal process where the objectives of the project are defined and the different alternatives to achieve those objectives are considered.

The use of performance indicators in the project cycle is described below. The start of the project cycle is the identification and prioritisation of projects. Education sector strategy for a country will help to identify projects contributing significantly to the EU objectives. At this stage, performance indicators will allow to prioritise projects and to provide quantitative and qualitative arguments for rejecting a project.

The appraisal report should specify the performance indicators or monitoring data which will be collected in the course of implementation. This will serve as a management tool while the project is underway, and provide the main information input into the evaluation.

The definition of performance indicators should be based on three guiding principles: simplicity, quality and feedback. First, the performance indicators data should always be simple enough to be collected and maintained by project beneficiaries (*i.e.* teachers and schools). Second, every attempt should be made to ensure collection of high-quality, reliable data. Third, the information to be collected should be fed back at various levels – national, regional, district and communities and schools. Not only will this guide policymakers in making informed decisions but it

© OECD 2002

will also help schools and communities so that they can consider changes in their behavioural practices to improve performance.

Various performance indicators can be implemented for educational projects, depending on the objectives identified. Illustration of performance indicators for higher education is provided in the appendix. For primary and secondary education, performance indicators can be classified in four categories:

- educational performance or achievement indicators: results of national test scores in literacy and numeracy;

- cost indicators: cost per pupil, cost savings due to an improved heating system, etc.;

- cost-effectiveness indicators: teaching costs per pupil, pupil/teacher ratio, pupils per computer, class size, attendance rate, vandalism costs, etc.;

- socio-economic indicators: pupils eligible for specific support programmes, etc.

Financing options

The appraisal of an educational project has to consider the different financing options available to achieve the project. Financing options might include: public budget, loans, finance leases, operational leases, contracting out or private finance initiatives. The recourse to the private sector has been considered as a way to alleviate the constraint on public funds available to finance new investment in educational facilities. In addition, the intervention of private partners will allow a better risk-sharing between the different actors and the development of innovative solutions in the construction or renovation of educational buildings.

Public/private partnerships (PPP) to finance new infrastructure are expanding across Europe. The EIB is used to working with both the public and the private sectors, so we are giving special emphasis to the development and support of PPP projects as an additional financial instrument to support capital investment in economic and social infrastructure.

The specific case of PPP/PFI in the United Kingdom

Even after the privatisation of various public utilities in the United Kingdom, there remains capital-intensive infrastructure where the final customer is often the public sector, this latter retaining a very close interest in the quality and nature of the service, e.g. the health service, roads, education, custodial services, etc. The Private Finance Initiative,[7] the so-called PFI, typically corresponds to a limited recourse financing scheme and introduces a fundamental change in the perception of the state role in infrastructure investment in the United Kingdom. The public sector now purchases directly or indirectly services from the private sector responsible for owning, financing and operating the capital asset that is delivering

© OECD 2002

the service, while before it was the owner of capital assets and direct provider of service. The government is committed to a long-term agreement at the time of construction, which implies that the present value of the financial commitment by the government may be very similar whether the public sector owns the asset or not. Indeed, instead of capital spending having a one-off impact in terms of public expenditure when the investment occurs, there is a stream of future revenue commitment over the lifetime of the service contract entering in public spending into the future. Three main requirements have been introduced for PFI schemes:

- The project has to demonstrate "value for money" for the taxpayer.
- It has to be "affordable" for the promoting public authority within existing or allocated on-going resources.
- It has to transfer significant risks to the private sector.

Three potential types of projects have been identified. The first category is financially free-standing projects where the private sector undertakes the project on the basis that costs will be recovered entirely through charges for services to the final user (e.g. the tolled Skye bridge). The second category corresponds to projects where the services are sold to the public sector, i.e. the cost of the project is met wholly or mainly through charges from the private sector provider to the public sector body which let the contract (e.g. the Fazakerley and Bridgend prisons, schools, hospitals, roads schemes, etc.). Finally, there are joint-venture projects where the cost of the project is met partly from public funds reflecting the social benefits of the project and partly from other sources of income, with overall control of the project resting with the private sector (e.g. the Docklands Light Railway extension to Lewisham, the Channel Tunnel Rail Link).

In the framework of the Private Finance Initiative (or public/private partnerships) in the United Kingdom, the EIB committed long-term finance to the Falkirk Schools PFI project in Scotland. This pathfinder project is being followed by an important number of new PPP/PFI projects in education. Compared to public procurement, PPPs are complex financial and contractual structures; but they provide the public sector a flexible yet disciplined approach to the specific needs of each project and rest on an appropriate risk-sharing and regulation of the project.

The PPP/PFI route has extended relatively largely in the education sector. To date, around 17 major projects have been signed in education, with a total capital value approaching GBP 300 million. Projects concern all levels of education.

Different areas of development have been identified (Burt, 1999). In higher education, many universities have decided to have recourse to PPP/PFI schemes for the provision of facilities not directly affected to teaching and research. Private sector partners have financed student residences as well as sports and leisure

© OECD 2002

facilities. In primary and secondary education, to tackle the backlog of repairs and refurbishment, five grouped pilot projects have been identified. This test group is intended to help to establish harmonised templates for future projects. At the same time, the number of signed deals to provide new and replacement individual schools is also growing. A potential area of intervention has been identified in the provision of information technology to schools.

The PPP/PFI in primary and secondary education that have been adopted are of differing types. First, some local authorities have either included their entire estate or are focusing their schemes on a subset of the schools in order to concentrate resources. Second, the concessionaire can be subject to different types of contracts: either a relatively light control under the form of an "**Output** Specification" contract or a more detailed control amounting more to an "**Input** Specification" contract. In the former case, the route by which the concessionaire meets suitable accommodation standards set by public authorities is left up to him as long as he performs over the life of the contract. In principle, this type of contract is closer to the spirit of PFI in releasing the concessionaire to use innovation and flexibility to achieve the Council's eventual aims.

The recourse to PPP/PFI options to finance new educational buildings raises new issues. First, the procurement and inception stage will become more costly and lengthy than for traditional public procurement. The nature of school projects is complex involving a mix of new and refurbishment. Although new build is ideally suited for PFI, refurbishment schemes can cause considerable difficulties over pricing, for instance time-consuming work surveying buildings to ensure that any latent risk is identified. In addition, the pricing of those risks will be relatively complicated reducing the expected gains from transferring risks to the private sector. The PPP/PFI option needs to be compared with the public sector comparator (PSC). The PSC is a costing of the equivalent level of service delivery procured by conventional means or, if the same level cannot be achieved, the next best option. The evaluation of the PSC has to be robust to ensure a viable estimation of the affordability of the project, *i.e.* to avoid a major discrepancy due to imperfect evaluation by the promoter. Second, the allocation of risks needs to be assessed very carefully. For instance, land issues risk, especially for projects requiring reallocation to a new site, can rarely be transferred to the private partner. The authority is usually in a better position to manage the location of any new sites. More generally, the allocation and pricing of risks is the main issue to generate value for money with PPP/PFI schemes compared to traditional procurement methods. Third, the emergence of a market for PPP/PFI educational projects and the required standardisation of procedures and documentation by the administration will sustain the development of this type of scheme. In addition, clear regulatory rules have to be defined in order to control the quality of the service provided by the private partners.

© OECD 2002

Appendix: Case study in higher education

Project description. The investment will provide a loan to the regional government of a Member state to modernise the existing campus and to build an extension of the campus in another location. The aim of the project is to increase the participation rate to higher education and to improve the quality of teaching and research. The project includes the following components: *i*) the construction and refurbishment of lecture rooms, *ii*) the construction of new student housing and catering, and *iii*) the construction of new laboratories and libraries.

Sector overview/background. The project takes place in a region facing a tremendous increase in the number of students enrolled in higher education. This trend is the result of high expectations of better job opportunities associated with obtaining a higher education diploma. The region has also faced an important restructuring of its economic structure. Specialised in labour-intensive production for goods with a low added value, the location of new high-technology industries has generated a high demand for skilled workers, especially in sciences and engineering.

Project specific analysis. The project concerns non-compulsory education and will increase the participation rate in higher education by releasing under-supply constraints. Beyond the impact on the participation rate, the main effects of the project will be *i*) an improvement in the educational achievement by the provision of support infrastructure for teaching (libraries) and the design of new lecture rooms, and *ii*) the promotion of research activities inducing a multiplier effect on economic activities in the region.

Specific project-related benefits. Over the 20-year period 2005-25, the project would increase the number of graduates by about α (expected increase in the number of graduates given the population census assuming a participation rate of x, a dropout rate of y and a length of study equal to z years). The project, by means of increased quality of education, will also increase the expected earnings of those who would complete a higher education even without the project. Graduates from the university will expect to earn more income than other workers with a lower level of education; this incremental earning is assured to persist over the entire working lifetime. The society as a whole will also benefit from the project since the graduates will pay higher income taxes on their higher income. Additional social benefits will be derived from the increase in the research output of higher education institutions since this will generate external effects on the regional economy and national economy. In addition, a positive feedback effect of a high level of research can be expected on the quality of education. The improvement of the quality of life on the campus provides consumption benefits to the students. Finally, the increase in the stock of graduates will support the economic restructuring of the region and will induce a cumulative effect on learning through

© OECD 2002

the ascertained positive relationship between the level of education of the parents and the educational attainment of their children.

Data: Different sources of data can be used. Data from a household survey of x households will provide the information on the level of earnings per type of education. Data from scientometrics and patent surveys will provide an evaluation of the research output. If this type of survey is not available, the value of the research can be crudely approximated by affecting a proportion of the salary costs of the researchers. The survey of economic activities and workforce shortage will allow to identify the potential contribution of the graduates to economic development and to adapt the supply of graduates to the needs of the regional and national economy. Public costs were calculated during the sector work phase, which examines the public expenditure of country A for higher education. The government cost of a university student is estimated to be β per year. From the analysis of the household survey data we estimate private expenditures to be γ and δ per student, per year, respectively for a higher education student living at home or elsewhere (university residence).[8]

Type of analyses that can be performed

1. Cost analysis

The costs of the project are market costs, opportunity and intangible costs. The market costs of the project are the construction costs during the modernisation and extension of the higher education buildings (construction or refurbishment of the new lecture rooms, libraries, etc.) and the recurrent costs, *i.e.* the professor salaries, the administrative staff salaries and the operating and maintenance costs. Additional costs can be incurred to purchase new materials (computers, textbooks, etc.) for the laboratories and the libraries as well as for the student housing and restaurants. The opportunity costs correspond to sacrifices in income borne by the students, *i.e.* when individuals attend educational institutions, they may have to give up their job or at least not work as many hours. They sacrifice current earnings to get a higher level of education.

At this stage of the analysis, we can propose a list of indicators only considering the cost-side of the project for the education and research activities.[9] Those indicators will be used for monitoring and evaluation of the project.

2. Cost effectiveness analysis

We consider internal and external cost-effectiveness. This notion is related to the boundary of the educational production, *i.e.* measurements are considered as internal if the output is directly related to an educational outcome and external if the output is linked to the labour market or social integration performance. This

© OECD 2002

Set of cost indicators for education and research

	Without the project	With the project
Educational activities		
Cost per full-time equivalent (FTE) student	___	___
Administrative costs per FTE student	___	___
Library costs per FTE student	___	___
University house costs per FTE student	___	___
Catering facilities costs per FTE student	___	___
Equipment costs per FTE student	___	___
Cost per graduate	___	___
Research activities		
Equipment costs per academic staff or research department	___	___

analysis includes two different steps, which can be achieved independently, *i.e.* efficiency of the system and cost analysis internally on the one hand, and externally on the other hand.

We define internal cost-effectiveness as the ratio between the cost per student and the quality of the educational output. We evaluate cost-effectiveness for educational and research activities.[10] For the evaluation of the effectiveness of education, we can use the percentage of success at the end of each cycle. Various measures of effectiveness can be used for research. For instance, we can use: the number of books or articles in academic journals per member of academic staff by research unit, the number of patents, or the total value of external research income per member of academic staff by research unit.

External cost-effectiveness is based on the comparison between the costs of education and the benefits considered as external to the educational production, such as higher productivity and earnings, or integration into the labour market. In other words, external cost-effectiveness refers to the ability of universities to produce students able to find a job, given the amount of funds injected in the system. To evaluate external effectiveness, we use the inverse of the unemployment rate for graduate studies.

After discounting the benefits and the costs of the two alternatives, we have to compare the cost-effectiveness ratio in both cases. The modernisation and the extension of the universities will be profitable if the cost-effectiveness ratio is higher than the actual cost-effectiveness achieved in the "status-quo situation".

3. *Economic rate of return*

As benefits and costs are realised at different times, they need to be updated.

© OECD 2002

	Years					
	0	1	2	3	4	5-25
Benefits						
Increased earnings						
Additional research revenues						
Costs						
Construction						
Salaries and other recurrent costs						
Living costs						
Forgone earnings						

We consider different scenarios and observe their impact on different economic rates of return. If the rate is not very sensitive to assumptions it is an indication that we should definitely go ahead with the project.

4.   *Monitoring and evaluation*

The monitoring of the project will be based on the different performance indicators introduced in the cost-effectiveness analysis. This analysis will be performed five years after the construction period (assuming that the average number of years to complete higher education studies is equal to five years).

Indicator	At project inception	At the end of the construction period	
		At the end of each academic year	At the end of each cycle of studies
Construction and equipment programme		✓	
Utilisation rate of university houses	✓	✓	✓
Utilisation rate of libraries	✓	✓	✓
Effective length of study	✓		✓
Number of graduates	✓		✓
Number of patents	✓	✓	
Number of publications	✓	✓	

© OECD 2002

Notes

1. This paper is based on an appraisal methodology for investments in the education sector developed at the EIB and on various appraisal reports on educational projects performed by L. de Almeida Ferreira and E. Kazamaki.

2. Earthman G. (1998), "The impact of school building condition and student achievement, and behaviour", Paper presented at the International Conference on the Appraisal of Education Investment, EIB/OECD, 16-17 November 1998, Luxembourg. US Department of Education (1999), "Impact of inadequate school facilities on student learning".

3. Bradley S. and Taylor J. (1998), "The effect of school size on exam performance in secondary schools", Oxford Bulletin of Economics and Statistics, 60, 3, pp. 291-324.

4. Leisure means all activities that take place outside the labour market, which can either be productive (educational or domestic activities) or unproductive.

5. The alternative approach, the earning function approach, estimates the rate of return by regressing the log of annual earnings on schooling and other explanatory variables, the rate of return corresponding to the estimated coefficient on years of schooling. Recent empirical studies have tried to address the impact of ability and socio-economic as well as familial background on the estimated rate of return. The implementation of such an empirical analysis will require a comprehensive database for each European country and corresponds more to an ex post facto evaluation of the investment which is not a reliable predictor of the future rate of return in a dynamic setting.

6. For a discussion on the application of performance indicators to higher education, see Cave et al. (1997).

7. See also Grout (1997) and OXERA (1996).

8. In the estimation of private costs we include books, stationery, fees and transportation.

9. At the higher education level, the estimation of expenditure is strongly affected by the organisation and the treatment of scientific research. Two approaches exist in the literature. The first approach considers that research and education are joined and "indissociable" products: a higher education of quality goes together with a research of high level. Therefore, we will include in education expenditure credits supporting research in higher education. The other approach, by opposition, considers that higher education produces two different services which are demanded for different reasons and which can be produced separately. For instance, some courses in higher education do not include research and conversely a part of the research activities is done out of educational structures. In this case, we have to distinguish and subtract credits assigned to research. However, as educational and research activities are often combined, we have to use approximations attributing in an arbitrary way to each of these functions one part

© OECD 2002

of salary expenditure of researcher-teachers and of the other sources of funding of universities, except if specific surveys are available.

10. To take into consideration multiple outcomes of the educational process, *i.e.* education and research, we can have recourse to a weighted cost-effectiveness analysis. In this case, we apply different weights to each outcome. Dividing the weighted scores by the unit cost of the corresponding intervention gives the weighted cost-effectiveness ratio. One obvious limitation of such an approach is the subjective nature of the weight attached to each dimension.

© OECD 2002

References

ANGRIST, J. and LAVY, V. (1999),
"Using Maimonides' rule to estimate the effect of class size on scholastic achievement", Quarterly journal of economics, 114(2), May, pp. 533-75.

BRADLEY, S. and TAYLOR, J. (1998),
"The effect of school size on exam performance in secondary schools", Oxford bulletin of economics and statistics, 60, 3, pp. 291-324.

BURT, S. (1999),
"Education: building for the future", Private finance initiative journal, 4(1), March/April, pp. 14-15.

CAVE, M., HANNEY, S. and KOGAN, M. (1997),
The use of performance indicators in higher education. A critical analysis of developing practice, 3rd edition, London, Jessica Kingsley Publishers.

DEROUET-BESSON, M.C. (1998),
Les Murs de l'école – Éléments de réflexion sur l'espace scolaire, Éd. Métailié, Paris.

EARTHMAN, G. (1998),
"The impact of school building condition and student achievement, and behaviour", Paper presented at the International Conference on the Appraisal of Education Investment, EIB/OECD, 16-17 November 1998, Luxembourg.

GROUT, P.A. (1997),
"The economics of the Private Finance Initiative", Oxford review of economic policy, 13(4), pp. 53-66.

KRUEGER, A. (1999),
"Experimental estimates of education production functions", Quarterly journal of economics, 114(2), May, pp. 497-532.

KRUEGER, A. and WHITMORE, D. (2001),
"The effect of attending a small class in the early grades on college-test taking and middle school test results: evidence from Project STAR", Economic journal, 111(468), January, pp. 1-28.

OXERA (1996),
Infrastructure in the UK: public projects and private money, Oxford.

US DEPARTMENT OF EDUCATION (1999),
"Impact of inadequate school facilities on student learning".

© OECD 2002

Conclusions

by

John MAYFIELD

Criteria for assessing the financing of capital and recurrent expenditure on educational facilities

Seminar presentations and group discussions led to a list of criteria by which the strengths and weaknesses of the financing of educational facilities might be judged. There is no one right way of financing educational facilities. Each funding authority will have uniquely legitimate ways of determining how much will be spent on education and how those funds will be allocated. But the following checklist, which reflects the trends occurring in the international context and which reemphasises the fundamentals of wise process in financing, will be useful in identifying the strengths – and the elements which can be improved – in any country's financing procedures.

1. *Value for money*

As trends such as lifelong education increase the demand for educational facilities at the same time as the available funds are limited and in some cases decreasing, it becomes imperative for financing decisions to lead to demonstrably higher value for money. Any assessment of the financing of educational buildings, plant and equipment (including the new information and communication technologies) will need to take account of value for money and will need to be seen to be concerned with outcomes and their input costs.

The relationships between capital and recurrent expenditure are central to this aspect of financing and any examination of the value gained for capital expended should include a consideration of the recurrent implications over time of capital expenditure decisions. Areas of special importance identified in discussions included:

- the need for sufficient up-front investment in design and quality of materials so that early and costly maintenance and repair can be avoided especially in rural areas;

© OECD 2002

- strategies for coping with rapid and unpredictable change in the scope and nature of demand for educational facilities;

- strategies for responding to the high rate of obsolescence especially in the area of information and communication technologies.

In several countries capital expenditure decisions are still being made in isolation from recurrent expenditure decisions. There is no doubt that this situation leads to wasteful outcomes but the traditions of public fundraising and allocation procedures are so strong that a more appropriate view of capital and recurrent premises related costs is, in some cases, unlikely to be adopted. Lower than necessary value for money outcomes are therefore likely to continue.

Contributions from Canada and Spain supported the need for measurement of outcomes and the calculation of value achieved from capital invested and drew attention to the absence of widely accepted methods of measuring value for money in educational building. This is an area which would repay a collaborative research and development effort especially if it led to a comparative framework against which value for money could be measured and tracked over time and across country boundaries.

The point was made that we are entering a period of uncertainty in relation to the number, location and nature of the educational facilities we will need. In the past the building of a school, for example, or even more so a university, was a capital investment expected to last for a very long time. With the new learning technologies, new cohorts of lifelong learners and new partners in the provision of learning services, the facilities provided today may not be needed or may prove inappropriate in a relatively short space of time. This adds urgency and a number of special challenges to the need to calculate factors such as return on investment, efficiency, ratios of recurrent premises related costs to capital expenditure and general assessments of overall value for money from financing decisions.

2. Consistency

The trend towards the devolution of more and more decision-making in public education to the local and institutional level was acknowledged. Identified in the opening address by Ferrán Ferrer, this general move from the centre through regional to local, town, community and institutional level is often uneven and not always accompanied by the devolution of financing especially in the capital area. There are good reasons why allocation and monitoring of the expenditure of public finance is seen as one of the last functions fit for devolution.

Problems arise, however, when decisions about aspects such as curriculum, organisation of schooling, management of human resources, maintenance and the use by non-educational groups of educational buildings are made locally and

© OECD 2002

decisions about the financing of educational facilities are made regionally or centrally or, in some cases, by non-educational groups within the public bureaucracy.

These problems are exacerbated when cross-sectoral issues are taken into account. As one discussion group put it, "How can we make proper decisions about buildings when others make the decisions about what happens within the buildings?" The solution to many of these problems will always involve consultation, collaboration and co-ordination. There will never be a co-location of decision-making across the whole range of activities which impact upon educational facilities.

However, it is worth checking the processes involved in the financing of educational facilities to identify the main inconsistencies which may have been created by uneven trends towards decentralisation of financing decisions and the management of the educational building stock. While the trend towards local decision-making has considerable momentum, a number of participants from countries such as Belgium, France and Spain pointed out that the knowledge and skills required to manage the capital and recurrent aspects of educational building may not exist at the local level. The need for education and training and an adequate flow of enabling information and monitoring by the central agency are necessary concomitants of the devolution process.

3. *Certainty*

The first step in achieving confidence in decision-making is to establish a process which is understandable, transparent and predictable so that those involved can follow step by step as financing decisions unfold.

In some countries there is a high degree of uncertainty about the financing of educational facilities because of traditional links between approvals for capital facilities projects and the political process. These links are likely to remain and forward planning of capital expenditure will be made problematic as a result. The objective therefore is to find ways which add certainty to a forward programme by:

- reducing reliance on decisions which are likely to be changed as a result of political influence;
- forging partnerships with groups (*e.g.* industry, other educational sectors, sporting organisations, local government agencies) in ways which bind all parties to future performance levels;
- developing formal construction, maintenance, management and operational agreements between relevant parties so the future is predictable and more certain.

There will also be new skills and modes of operation necessary in the central elements of the public education and financing authorities as control moves out to the local level and is shared among groups some of which may operate outside

© OECD 2002

the control of the education authorities. Once again, there are skills involved which will need to be developed by those likely to participate in the planning and operation of educational buildings at the local level.

4. Fairness

The seminar was clear that equity does not mean equal treatment for every-one. Standardised designs and the same building solutions repeated again and again in communities across a nation are unlikely to lead to services which are fair, equitable, appropriate or value for money.

On the other hand, the differences which arise when educational building solutions are customised to meet the needs of each community often lead to claims of favouritism and special treatment. It is reasonable at first glance for peo-ple to expect communities of equal size (numbers of students) to receive the same buildings or at least the same funding for educational buildings.

But, as F. Ferrer pointed out, the number of students is becoming less of a determining factor in the financing of educational services as interest shifts towards equal outcomes and differences in the starting points are taken into account. The formula which leads to sameness is unlikely to lead to fairness. As Réjean Carrier's group pointed out, the equating of sameness with fairness is an illusion and the more important objective is to devise a transparent, understand-able and explicable process, to measure and communicate outcome indications (in addition to inputs) and to rationalise as far as possible the debate about whether this community or that community has been treated fairly.

At the end of the (decentralised) day it will remain a responsibility of the cen-tral authority to ensure that access to equity and equality of educational opportu-nity are available to all. It is worth noting in this context that centralisation of educational building finance (which has been the case for a long time in most countries) has not of itself delivered fairness, equitable access, or a generally high quality of educational building design and operational efficiency. There is often a certain sameness – especially about school buildings – but nothing confirms that sameness leads to fairness nor standardisation to equality of opportunity. At a deeper level there remains a close correlation between social class and the class of a school. Simply throwing money at a school in the form of human or physical resources does not seem to have as much effect as hoped in closing the gaps between the haves and the have-nots.

There is an overall improvement in the range and quality of education but, as a number of agencies (e.g. UNESCO, World Bank) have indicated there seem to be two speeds of development. It becomes important to check to see if the ways in which educational facilities are financed can help lead to fairer and more equita-ble outcomes.

© OECD 2002

5. Responsiveness

All groups placed responsiveness high on their list of attributes which were considered desirable in any system of financing educational facilities. One group stressed that the assessment of responsiveness must focus on practical outcomes rather than any theoretical analysis of the procedures. The test must be applied at the local level in determining whether the educational facilities provided do in fact respond to real needs.

Examples from Australia, Austria, Belgium, Mexico and New Zealand drew attention to the challenges emerging as some of the trends outlined by F. Ferrer made their impact on several countries. In particular, conventional rules and procedures for the financing of educational facilities are likely to be challenged by the emergence of:

- New learners – Buildings which have been financed for a particular group of learners (*e.g.* primary aged children) will in future be needed for learners of all ages as lifelong learning becomes widespread.

- New providers – Many publicly financed educational facilities are now being used by private providers which raises important questions of who owns publicly financed educational buildings, who can lease them and what happens to the revenue involved.

- New partners – Where once the central government educational authorities financed and owned educational facilities, there is now a widening range of partnerships involving the private sector, local government and other human service organisations who expect to exercise an interest in the decisions about educational facilities.

- New operational arrangements – Where financing of the operational aspects (cleaning, energy, security, maintenance) could once be determined on the assumption that the facility would operate from 8 a.m. to 4 p.m., for example, many facilities are now operating for greatly extended hours. Some are open 24 hours, seven days a week in certain sections of the facility.

- New organisational arrangements – These include the consolidation of small rural schools, emphasis on early childhood education, re-emergence of vocational education and the rapid developments of the role of the school as a local focus for lifelong learning.

Responsiveness, adaptability and flexibility are difficult to achieve. However, as we have seen, the context in which educational facilities are financed is in a state of rapid and complex change. There is little point in reviewing existing procedures with a view to replacing an outdated orthodoxy with a new set of procedures which in a short time will themselves be out of date.

© OECD 2002

What is needed is an inbuilt responsiveness, an inherent looseness about the way in which things will be done and a culture within which there is an expectation that solutions will not only be customised to meet local needs but also subject to a natural process of review and renewal based on a continuing evaluation of the range and quality of the available educational facilities.

6. Evaluation

There is a need for research into the processes and outcomes of the provision of educational facilities, with particular emphasis on:

- Research into the fundamental relationships between educational facilities (buildings, equipment, ICT) and learning outcomes. While recent reports from the United States suggest that there are links between improved facilities and improvement in educational outcomes, there remain serious questions of why this might be so and whether buildings, and in particular more expensive buildings, really do make a difference.

- Evaluation of the efficiency and effectiveness of educational facility provision in the public sector. Recent experience with surplus facilities, controversial school closures, vandalism, arson and growing facilities gaps between new and old buildings have focused attention on whether public education agencies are achieving value for the expenditure of considerable sums of public money.

- The impact of the new information and communication technologies on the whole area of design, provision and operation of educational facilities.

In his description of the activities of the European Investment Bank (EIB) in providing funds for educational facilities Agustín Auria drew attention to various techniques of investment appraisal. He pointed out the need for better ways of evaluating educational facilities not only from architectural or educational points of view but also from the point of view of investment in human or social capital at the community level.

There is a need for OECD countries to take up this challenge and establish collaborative research and evaluation activities to guide reform in the financing of educational facilities.

7. Patrimony and the environment

Is the financing of educational facilities of positive assistance in meeting cultural, historical and environmental objectives?

In the outstanding historical context of Toledo, it is easy to appreciate the ways in which expenditure on public educational facilities can be co-ordinated with the large and continuing demands of conserving patrimony. The Toledo City

© OECD 2002

library building is one excellent example of how a building of immense historic value can also serve a contemporary educational purpose.

Two contrasting examples illustrate how value can be added to educational facility expenditure if creative approaches are followed:

1. A new primary school has been built at considerable expense adjacent to an historic mill in great need of conservation. A more creative approach would have seen the mill developed as part of the new primary school providing a much more exciting learning environment and, at the same time, drawing funds into the area of the conservation of the historic environment. The problem here was the lack of incentive within the financing of the educational facilities to co-ordinate expenditure across jurisdictions.

2. In a much more creative approach, a large private school has decided to invest in a small rural village rather than spend an equivalent sum establishing a new environmental studies centre in a nearby wilderness area. As a result several dilapidated historic buildings within the village have been restored and brought back into use. Environmental studies has taken on a new meaning.

The aim in this element of the checklist is to remind those involved in the financing of educational facilities to explicitly test to see whether opportunities exist or can be created to co-ordinate the financing of the educational facilities with the conservation of historic sites, protection of the natural environment and development of spaces (particularly open spaces) which can serve the broader community as well as the students.

8.   New forms of ownership

Traditional financing of educational facilities in many countries has resulted in full public ownership of the facility and full public responsibility for its operation and maintenance. This situation is changing as authorities seek a more appropriate balance between such forms of ownership as leasing, rental and joint ownership as well as traditional arrangements.

In a context of rapid and uncertain change outright ownership of single purpose, fixed assets such as buildings and equipment (e.g. computers) incurs significant financial risk. It is essential that the approach taken to the financing of educational facilities includes the management of this risk.

The private property sector is one reference point in any examination of risk management within the financing of educational facilities. Comparisons between conventional methods of financing public educational facilities are likely to lead to a new balance between outright ownership and forms of (medium-term) leasing

© OECD 2002

of buildings, plant and equipment (*e.g.* computers) in the public sector. Again there is a need for research and development of policy and best practice to establish benchmarks for the guidance of those involved in the financing of educational facilities.

9. Attraction of new sources of finance

New sources of finance, especially capital, are being harnessed in the provision of educational facilities in a growing number of countries. Experience is showing that private investors can be attracted into the educational market with a range of commercially attractive leasing and lease back arrangements. The contribution to the seminar from the EIB added useful detail to the general proposition that the private sector is now interested in investing in educational facilities thus boosting the total supply of capital funds.

There are also many examples of pooled resources leading to a much greater range and higher quality of facilities than would have been possible if the participating groups had proceeded alone. Examples here included collaboration between educational sectors, with local government, with other private educational providers and with the community library sector.

Private industry corporations are a further potential source of finance for educational facilities with interesting examples cited from Australia, Mexico, New Zealand and the United Kingdom.

The objective here is to raise the question of whether a particular facilities project is capable of attracting additional sources of finance on its merits rather than prescribe a set approach to all new projects. Some projects will be more attractive to the private sector than others while some will need to rely entirely on public finance. However, those responsible for the financing of educational facilities need to be alert to the possibilities – and the accompanying risks – of attracting new sources of finance into an area in which there is likely to be a continuing scarcity of traditional funds.

© OECD 2002

OECD PUBLICATIONS, 2, rue André-Pascal, 75775 PARIS CEDEX 16
PRINTED IN FRANCE
(95 2002 01 3 P) ISBN 92-64-09729-5 – No. 52442 2002